컴퓨터로 만드는
신나는 레고 월드

신나는 레고 월드

초판 13쇄 발행_ 2024년 9월 30일

지은이 웰북교재연구회
발행인 임종훈 **편집인** 강성재
표지 · 편집디자인 인투
출력 · 인쇄 정우 P&P
주소 서울시 마포구 방울내로 11길 37 프리마빌딩 3층
주문/문의전화 02-6378-0010 **팩스** 02-6378-0011
홈페이지 http://www.wellbook.net

발행처 도서출판 웰북

ⓒ 도서출판 웰북 2024
ISBN 979-11-954295-9-2 13000

너무나 재미있는 레고, 이제 컴퓨터에서도 만들 수 있어요!

닌자고, 키마, 프렌즈, 히어로팩토리... 너무나 좋아하는 레고 장난감이죠? 하지만 다른 장난감보다 고가라서 쉽게 만나보기 어려웠었죠? 손으로 하나씩 조립하던 레고를 컴퓨터에서 마우스를 이용하여 만들 수 있습니다. 수만개의 블럭을 이용하여 내가 원하는 레고 장난감을 만들 수 있습니다. 레고는 덴마크에서 개발된 제품으로 블럭 장난감의 대명사라고 할 정도로 유명합니다. 전세계적으로 1초에 7개 팔리는 레고는 블럭 조립을 통해 창의력을 개발할 수 있으며, 장난감을 통해 다양한 이야기를 만들 수 있어 상상력을 기르는데에도 큰 도움이 됩니다. 레고를 통해 얻을 수 있는 효과에 대해 알아봅니다.

1. 블럭 조립을 통해 공간지각능력을 개발할 수 있습니다.

3차원 형식의 입체 블럭을 조립하면서 공간의 구성, 블록의 역할, 균형감, 조형미를 익힐 수 있습니다. 블록을 즐겁게 조립하는 과정을 통해 다양한 능력을 배양할 수 있는 것이 레고의 가장 큰 특징입니다. 특히 수만개의 블록을 이용하여 내가 원하는 다양한 레고 장난감을 만들 수 있습니다.

2. 다양한 스토리를 통해 사회관계를 바르게 합니다.

레고는 유명한 영화나 주변에서 일어나는 일을 기본 스토리로 하여 서로간의 협동, 유대감을 기르게 합니다. 사용자가 재미있는 스토리로 블록을 구성하여 그 스토리 속의 주인공으로 다양한 상상력을 펼칠 수 있습니다. 여러 브릭과 무대 속에서 다양한 사회의 체험을 하며 실생활에서도 바르고 정의로운 인성을 기를 수 있습니다.

3. 창의력과 집중력을 기를 수 있습니다.

레고의 특징 중 하나는 재조립이 가능하다는 것입니다. 완성된 블록을 다시 분해하고 재조립하는 과정을 통해 블록의 역할과 새로운 조립 방법으로 창의적인 작품을 만들 수 있습니다. 또한 단계별로 조립하는 과정을 통해 차근차근 순서대로 해결하는 습관과 집중력을 기를 수 있습니다.

레그를 단순한 장난감으로 보면 안됩니다. 작품을 완성하기까지의 모든 과정을 통해 나도 모르게 익히고 알게되는 것들이 무궁무진합니다. 레고 레이서와 레고 디자이너를 통해 누구에게나 즐겁고 재미있는 레고의 세계를 체험하기 바랍니다.

꼭 기억하세요!

상담을 원하시거나 아이가 컴퓨터 수업에 출석할 수 없는 경우 아래 연락처로
미리 연락 주시기 바랍니다.

타수체크

초급단계

월 일	월 일	월 일	월 일	월 일	월 일
월 일	월 일	월 일	월 일	월 일	월 일
월 일	월 일	월 일	월 일	월 일	월 일
월 일	월 일	월 일	월 일	월 일	월 일
월 일	월 일	월 일	월 일	월 일	월 일

중급단계

월 일	월 일	월 일	월 일	월 일	월 일
월 일	월 일	월 일	월 일	월 일	월 일
월 일	월 일	월 일	월 일	월 일	월 일
월 일	월 일	월 일	월 일	월 일	월 일
월 일	월 일	월 일	월 일	월 일	월 일

고급단계

월 일	월 일	월 일	월 일	월 일	월 일
월 일	월 일	월 일	월 일	월 일	월 일
월 일	월 일	월 일	월 일	월 일	월 일
월 일	월 일	월 일	월 일	월 일	월 일
월 일	월 일	월 일	월 일	월 일	월 일

이 책의 차례

Contents

PART

01

레고 스터디

레고 레이서 프로그램에서 멋진 아바타와 운전면허증, 레이싱카를 만들 수 있어요. 내가 만든 자동차를 타고 넓은 경기장에서 신나는 경주도 할 수 있어요. 나만의 자동차를 만들어 누가 더 빠르게 달리나 경주해 보아요.

01 강 아바타로 뽐내기

레고 레이서 프로그램에서 신나는 자동차 경주를 즐길 수 있어요. 자동차 경주를 하기 위해 필요한 아바타와 운전면허증을 만드는 방법을 알아보아요.

학습 목표
- 아바타를 만드는 방법을 알아봅니다.
- 경주용 운전면허증을 만드는 방법을 알아봅니다.

01 레고 레이서 프로그램을 살펴보아요.

레고 레이서 프로그램의 구성과 메뉴의 역할을 알아보아요.

01 레고 레이서 프로그램을 실행하면 그림과 같이 메뉴가 나타나요. 새로운 레이싱카를 만들기 위해 [BUILD] 메뉴를 클릭해요.

- BUILD : 경주용 자동차를 만들어요.
- CIRCUIT RACE : 자동차 경주시합을 해요.
- SINGLE RACE : 최고의 점수를 기록해요.
- TIME RACE : 경주 시간을 기록해요.
- OPTIONS : 기능을 추가해요.
- QUIT : 프로그램을 종료해요.

02 새로운 레이싱 선수를 만들기 위해 [NEW RACER] 메뉴를 클릭해요.

02 나를 닮은 아바타를 만들어 보아요.

아바타는 레고 레이서에서 나를 표현하는 이미지를 말해요. 아바타를 만드는 방법을 알아보아요.

01 [MIX] 메뉴를 클릭하면 미리 꾸며진 멋진 아바타로 바뀌어요.

02 나만의 아바타를 꾸미기 위해 노란색 화살 표들을 클릭하여 이미지들을 살펴보아요.

03 화살표로 원하는 '머리' '얼굴' '상의' '하의' 를 클릭하여 아바타를 완성해 보아요.

03 운전면허증을 만들어 보아요.

운전을 하려면 먼저 운전면허증이 필요하겠죠? 완성된 아바타가 표시되는 운전면허증을 만들어 보아요.

01 완성된 아바타가 나타나는 운전면허증을 만들기 위해 [MAKE LICENCE] 메뉴를 클릭해요.

02 그림과 같이 운전면허증에 내가 만든 아바타가 나타나요. 이름을 입력하기 위해 입력란에 나타난 'PLAYER'를 Back Space 로 삭제하고 이름을 입력해요.

03 아바타의 표정을 바꾸기 위해 [SNAPSHOT] 메뉴를 클릭해요. 재미있는 표정으로 바꿀 수 있어요.

1. 이미지를 찾아 아래 그림과 같은 아바타들을 만들어 보아요.

2. 멋진 아바타가 나타나는 경주용 운전면허증을 만들어 보아요.

02강 오늘은 내가 카레이서

운전면허증이 완성되면 자동차를 타고 경주장으로 떠날 수 있어요. 신나게 달리다 보면 아이템 블럭이 나타나 다양한 효과를 낼 수 있어요.

학습 목표
- [QUICK BUILD] 메뉴로 자동차를 만드는 방법을 알아보아요.
- [TEST DRIVE] 메뉴를 이용하여 운전하는 방법을 알아보아요.

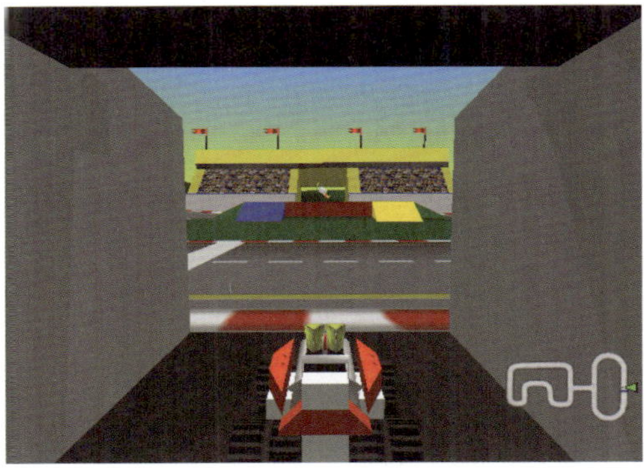

1초 만에 뚝딱! 자동차를 만들어 보아요.

'미니 블럭', '스피드', '우주 탐사선', '마차' 중 원하는 세트를 선택하여 멋진 자동차를 만들고 신나게 달려 보아요.

01 운전면허증이 완성되면 레이싱카를 만들 수 있어요. 자동차를 만들기 위해 [BUILD CAR] 메뉴를 클릭해요.

02 자동차 세트에는 '미니 블럭' '스피드' '우주 탐사선' '마차'가 있어요. 노란색 화살표를 클릭하여 자동차 세트를 선택해요.

03 자동차 세트를 선택한 후 [QUICK BUILD] 메뉴를 클릭하여 멋진 자동차를 선택해 보아요.

지도를 따라 신나게 떠날 준비를 해요.

완성된 자동차를 타고 경주장으로 떠나요. 경주장 지도를 따라 테스트 운전을 해 보아요.

01 자동차가 완성되면 만들기 화면을 끝내고 경주장으로 이동하기 위해 [FINISH] 메뉴를 클릭해요.

02 완성된 자동차를 타고 테스트 운전을 하기 위해 [TEST DRIVE] 메뉴를 클릭해요.

03 오른쪽 하단에 나타난 지도를 살펴보고 자동차의 출발 위치와 방향을 확인해요.

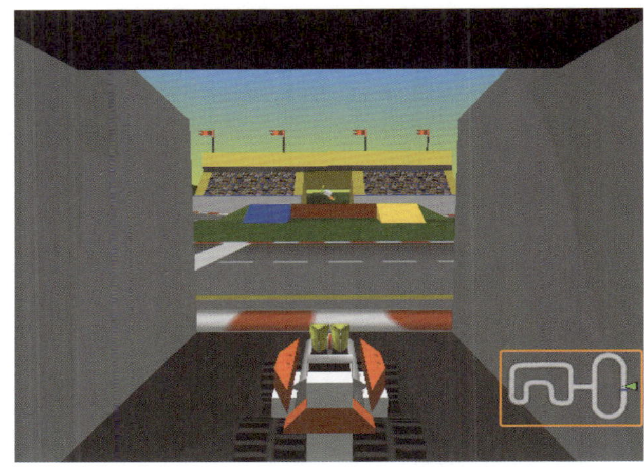

03 스릴 만점 커브를 돌아보아요.

경주용 자동차를 타고 신나게 달리며 스릴 만점 커브도 돌아요. 빨강, 파랑, 노랑, 초록, 흰색의 다양한 블럭 0-이템도 찾아 보아요.

01 키보드 방향키를 이용하여 직진, 후진, 우회전, 좌회전 방향으로 운전 할 수 있어요.

02 신나게 운전을 하다 보면 도로 위에 다양한 아이템 블럭이 나타나요. 블럭을 통과하면 아이템을 얻을 수 있어요.

03 자동차 경주 중 Enter 를 누르면 재미있는 효과를 나타내는 아이템을 사용할 수 있어요.

1 자동차를 만들어 경주장으로 신나게 달려가 보아요.

2 경주장에서 레이싱을 할 때 나타나는 숨은 아이템을 찾아 어떤 효과를 보여주는지 선으로 이어 보아요.

   •   • 불꽃

   •   • 폭탄

   •   • 밧줄

   •   • 진흙

   •   • 안전벨트

03강 레고레이서 속으로 풍덩!

경주용 자동차를 만들기 위해서는 블럭을 조립하는 방법과 메뉴를 알아야 해요.
지금부터 레고레이서 만들기 화면을 꼼꼼히 살펴보아요.

**학습
목표**
- 조립판에 블럭을 연결하고 제거하는 방법을 알아 봅니다.
- 블럭을 360˚ 회전하는 방법을 알아봅니다.

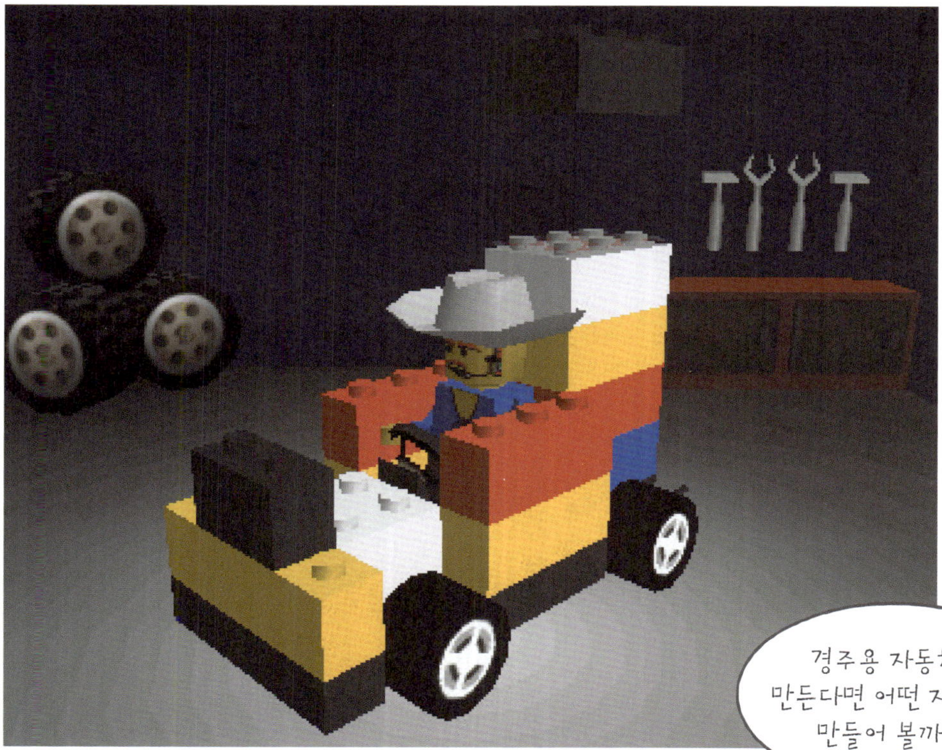

자동차를 만들기 위해 다양한 블럭을 알아야 해요. 어떤 블럭이 있는지 살펴보고 조립하는 방법을 알아보아요.

01 경주용 자동차를 만들기 위해 [BUILD] 메뉴를 선택해요. 자동차를 만들 수 있는 다양한 블럭 모음이 표시돼요.

02 [미니 자동차 세트]에서 노란색 화살표를 클릭하여 다양한 블럭의 모양을 살펴보아요.

02 블럭을 연결하고 제거해 보아요.

조립판에 알맞은 블럭을 연결하고 잘 못 연결한 블럭을 제거하는 방법을 알아보아요.

01 블럭을 조립판에 연결하기 위해 조립판에 알맞은 블럭 모양을 찾아 선택해요

02 선택한 블럭을 드래그하여 조립판 위치로 이동한 후 [연결] 메뉴를 클릭해요

03 조립판에서 블럭을 제거하려면 [제거] 메뉴를 클릭해요. 블럭은 연결한 순서대로 제거됩니다.

블럭을 회전시켜 보아요.

블럭을 회전시키고 자동차도 360° 원하는 방향으로 회전시켜 보아요.

01 블럭을 원하는 위치에 회전시켜 연결하기 위해 [회전] 메뉴를 클릭하여 방향을 바꾸고 연결해요.

02 반대쪽 조립판에 블럭을 연결하기 위해 [방향 화살표] 메뉴를 여러 번 클릭하여 자동차를 회전시켜요.

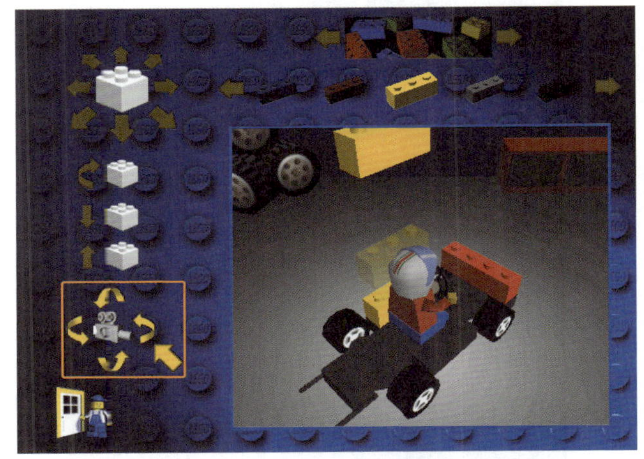

03 그림과 같이 회전시킨 자동차에 [연결] 메뉴를 클릭하여 블럭을 연결해요.

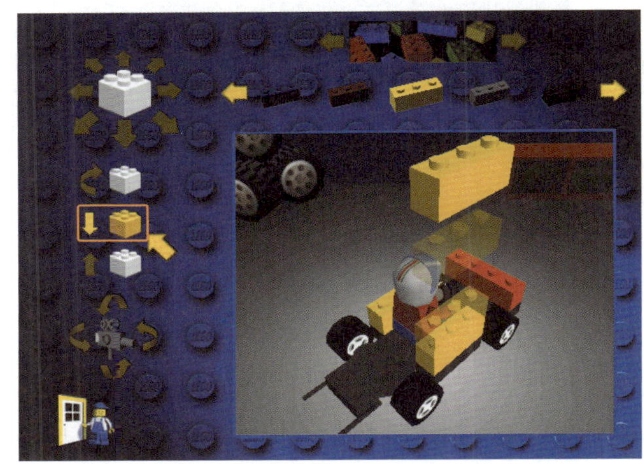

① 그림과 같이 블럭을 높이! 높이! 연결해 보아요.

② 높게 쌓아 올린 블럭을 낮게! 낮게! 제거해 보고, 그림과 같이 다른 블럭으로 연결해 보아요.

04강 붕! 붕! 멋진 스포츠카를 타고 달려요.

스포츠카를 타고 경주장에서 신나게 달리는 모습을 상상해요. 어떤 스포츠카를 만들어 볼까요? 블럭을 연결하여 멋진 스포츠카를 만들어 보아요.

학습 목표
- 스포츠카를 완성할 블럭을 찾아 조립관에 연결해 봅니다.
- [보기] 메뉴의 방향 화살표로 회전시켜 자동차의 반대쪽 부분도 연결해 봅니다.

블록을 찾아 앞면을 연결해 보아요.

멋진 스포츠카의 앞부분을 다양한 모양의 블록을 연결하여 만들어 보아요.

01 스포츠카 앞부분에 블록을 연결하기 위해 [스피드 자동차 세트]에서 그림과 같은 블록을 찾아요. [회전] 메뉴를 이용하여 조립판의 방향을 맞춰 연결해요.

02 조립판 앞부분에 블록들을 연결하기 위해 [보기] 메뉴의 [방향 화살표]를 클릭하여 방향을 조절한 후 블록을 연결해요.

02 스포츠카를 회전시켜 옆 부분을 만들어 보아요.

스포츠카를 [보기] 메뉴의 방향 화살표로 회전시켜 옆 부분을 완성해 보아요.

01 필요한 블럭을 찾기 위해 [스피드 자동차 세트]에서 그림과 같이 블럭을 찾아 조립판 옆 부분에 연결해요.

02 [보기] 메뉴의 방향 화살표로 회전한 후 반대쪽 부분에 똑같은 모양의 블럭을 연결해요.

조립판 뒷부분을 멋지게 꾸며주기 위해 서로 다른 모양의 블럭들을 연결해 보아요.

01 [미니 자동차 세트]에서 그림과 같은 블럭을 찾아 조립판 뒷부분에 연결해요.

02 연결할 블럭을 찾기 위해 [스피드 자동차 세트]에서 블럭을 찾아 그림과 같이 뒷부분을 완성해요.

① 음악을 들으면서 운전을 할 수 있는 뮤직 자동차를 만들어 보아요.

▲ 뮤직 자동차 앞

▲ 뮤직 자동차 뒤

② 흰색 블럭만 연결하여 화이트 스포츠카를 만들어 보아요.

▲ 화이트 스포츠카 앞

▲ 화이트 스포츠카 옆

05강 전력 질주하는 씽! 씽! 스피드 자동차

경주시합에서 선수들이 최고의 점수를 기록 할 수 있도록 가장 빠른 경주 자동차를 만들어 보아요.

학습 목표

- 스피드 자동차에는 펄럭이는 깃발을 장식해 봅니다.
- 조립순서는 앞부분, 뒷부분, 옆부분으로 연결해요.

01 스피드 자동차의 앞부분을 조립해 보아요.

경주용 자동차의 앞부분을 만들기 위해 블럭을 찾아 연결해 보아요.

01 필요한 블럭을 찾기 위해 [우주 탐사선 세트]에서 그림과 같은 블럭의 모양을 찾아 [이동] 메뉴를 이용해 방향에 맞춰 연결해요.

02 조립판에 그림과 같은 위치에 연결하여 앞부분을 완성해요.

02 스피드 자동차의 뒷부분을 조립해 보아요.

스피드 자동차의 뒷부분을 만들기 위해 다양한 모양의 블럭을 연결해 보아요.

01 필요한 블럭을 찾기 위해 [미니 자동차 세트]에서 그림과 같은 블럭을 찾아 연결하여 뒷부분을 만들어요.

02 [스피드 자동차 세트]에서 블럭을 찾아 그림과 같이 뒷부분을 만들어요.

스피드 자동차를 더 멋지게 장식하기 위해 펄럭이는 깃발 모양의 블럭을 연결해 보아요.

01 [마차 세트]에서 펄럭이는 깃발 모양을 찾아 선택해요. [이동] 메뉴에서 깃발의 방향을 뒤로 회전하여 조립판의 위치에 연결해요.

02 반대쪽 부분을 완성하기 위해 [보기] 메뉴의 방향 화살표로 회전한 후 똑같은 모양의 블럭을 찾아 연결해요.

1 바람을 가르며 빠르게 달릴 수 있는 날개가 연결된 자동차를 만들어 보아요.

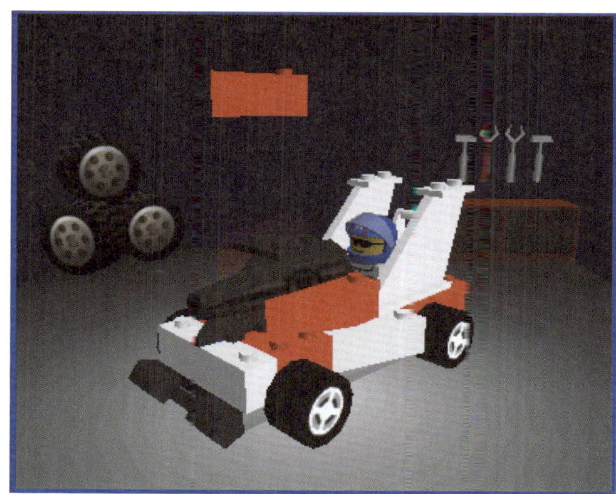

▲ 날개 자동차 앞

▲ 날개 자동차 뒤

2 빠른 속도로 달리기 위해 스피드 자동차를 가볍게 만들어 보아요.

▲ 스피드 자동차 앞

▲ 스피드 자동차 뒤

06강 우주 정거장으로 슝! 슝! 달리자

우주 탐사선을 타고 우주 정거장으로 달려가다 달나라에 살고 있는 토끼도 만나고, 뚱뚱보 우주인도 만나 보아요.

학습 목표
- 우주 탐사선 조립은 옆부분 부터 연결을 시작해 봅니다.
- 신호가 되어 줄 불빛을 비추는 램프도 연결해 봅니다.

01 블럭을 찾기 우해 [마차 세트]에서 그림과 같은 블럭을 찾아 조립판의 옆 부분에 연결하고 [보기] 메뉴를 사용하여 반대쪽 부분도 연결해요.

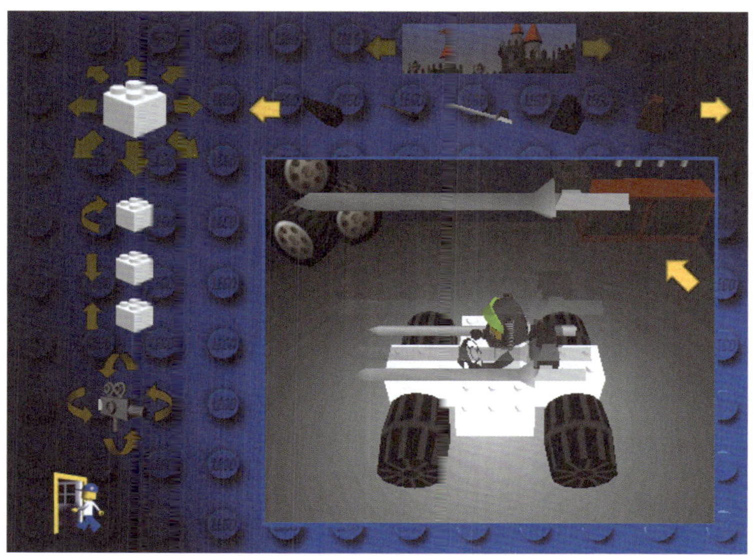

02 [스피드 자동차 세트]에서 블럭을 찾아 그림과 같이 조립판의 위치에 블럭을 연결해요.

02 우주 탐사선 앞부분을 완성해 보아요.

우주 탐사선의 앞부분에 서로 다른 모양의 블럭을 찾아 연결해 보아요.

01 우주 탐사선을 만들기 위해 [스피드 자동차 세트]에서 그림과 같은 블럭을 찾아 [이동] 메뉴의 방향 화살표를 이용하여 조립판에 연결해요.

02 [우주 탐사선 세트]에서 그림과 같은 블럭을 찾아 연결하여 앞부분을 완성해요.

우주 탐사선에 빛을 비추는 불빛 램프를 장식하여 더 멋진 탐사선을 완성해 보아요.

01 우주탐사선의 조립판 뒷부분에 그림과 같은 블럭을 연결해요.

02 [마차세트]에서 그림과 같은 블럭을 찾아 [회전] 메뉴를 클릭하여 방향을 맞춘 후 조립판에 연결하여 완성해요.

1 달나라에서 필요한 우주 탐사선을 만들어 보아요.

▲ 우주 탐사선 앞

▲ 우주 탐사선 뒤

2 우주 탐사선을 레이싱 자동차처럼 빠르게 달리는 탐사선으로 만들어 보아요.

▲ 레이싱 탐사선 앞

▲ 레이싱 탐사선 뒤

07강 덜컹거리는 마차를 불꽃마차로 변신

공주를 구출하기 위하여 마차에 불꽃번개를 달아 자동차 보다 더 빠른 속도로 달리는 마차를 완성해 보아요.

학습 목표
- 마차에 연결할 블럭을 찾아 만들어봅니다.
- 불꽃번개를 연결하여 더 멋지게 꾸며 완성해봅니다.

01 마차의 앞부분을 만들어 보아요.

마차의 앞부분에 서로 다른 모양의 블럭을 찾아 연결해 보아요.

01 [스피드 자동차 세트]에서 그림과 같은 블럭을 찾아 [삽입] 메뉴를 클릭하여 연결해요.

02 블럭이 연결된 조립판 위에 그림과 같은 블럭을 찾아 연결해요.

자동차보다 더 빠른 마차를 만들기 위해 조립판 옆부분에 바람막이를 만들어 보아요.

01 [스피드 자동차 블럭]에서 그림과 같은 블럭을 찾아 조립판 옆부분을 연결해요.

02 반대쪽 부분을 완성하기 위해 [보기] 메뉴의 방향 화살표로 회전한 후 똑같은 모양의 블럭을 찾아 연결해요.

03 불꽃번개를 장식하여 마차를 완성해 보아요.

마차의 뒷부분에 불꽃번개를 달아 자동차 보다 더 빠르고 멋진 마차를 만들어 보아요.

01 [스피드 자동차 세트]에서 그림과 같은 블럭을 찾아 조립판 뒷부분에 연결해요.

02 불꽃번개가 나오는 블럭을 연결하기 위해 [우주 탐사선 세트]에서 그림과 같은 블럭을 찾아 연결해요.

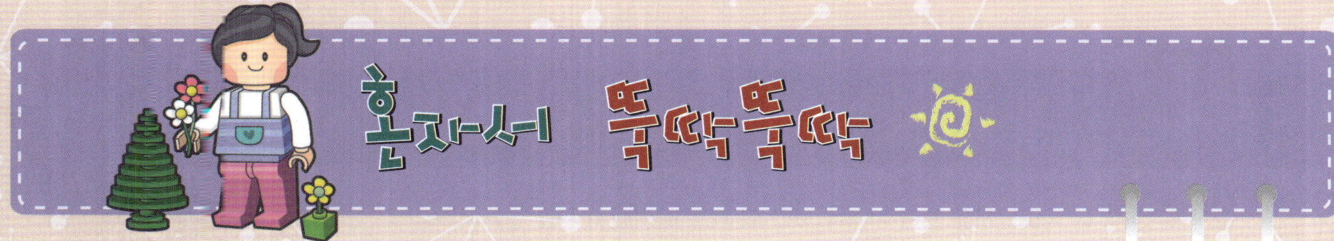

1. 하늘 위로 날아다니는 세상에 없는 상상 속 마차를 만들어 보아요.

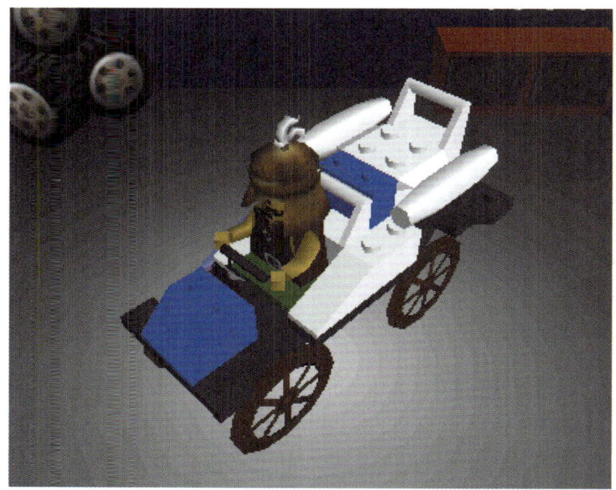

▲ 상상마차 앞

▲ 상상마차 뒤

2. 용감한 무사가 타는 멋진 마차를 만들어 보아요.

▲ 무사마차 앞

▲ 무사마차 뒤

08강 슈퍼 자동차 경주 대회

다양한 테마로 만들어진 경주장에서 직접 만든 경주용 자동차를 타고 1단계부터 7단계까지 신나고 즐겁게 달려 보아요.

학습 목표
- 직접 완성한 경주 자동차를 타고 선수들과 스피드 대결을 즐겨봅니다.
- 경주를 몇 분 안에 완주 할 수 있는지 시간을 기록하며 달려봅니다.

자동차 경주 시합에 참가해요.

자동차 경주 시합에 참가하여 다른 선수들과 함께 경주 실력을 뽐내 보아요.

01 [CIRCUIT RACE] 메뉴를 클릭하여 경주 시합장으로 떠나요.

02 경주 시합에서 승리하면 1단계부터 시작하여 7단계까지 다양한 테마의 경주를 즐길 수 있어요.
[OK]를 클릭하고 1단계 경주시합을 시작해요.

02 경주 자동차를 타고 경주장으로 떠나요.

멋지게 완성한 자동차를 타고 아바타와 함께 경주장으로 떠날 준비를 해보아요.

01 양쪽 화살표를 클릭하여 운전면허증에 입력한 이름을 찾은 후 내가 만든 아바타와 경주 자동차를 찾아 선택해요.

02 이름을 선택하면 경주대회에 출전할 자동차와 아바타가 보여요. 경주장으로 떠나기 위해 [OK] 메뉴를 클릭해요.

03 선수들과 경주시합을 시작해요.

경주장에 선수들이 모여 출발 신호를 기다리고 있어요. 두근두근 떨리는 마음으로 경기를 시작해요.

01 화면 오른쪽 하단에 경주 코스가 나타나는 지도가 있어요. 녹색 화살표는 내가 출발하는 위치를 알려줘요. 방향을 잃지 말고 친구들과 신나게 달릴 준비를 해요.

02 운전은 키보드의 [방향키]를 이용하여 직진, 후진, 좌회전, 우회전을 번갈아 누르며 신나는 경주를 즐겨요.

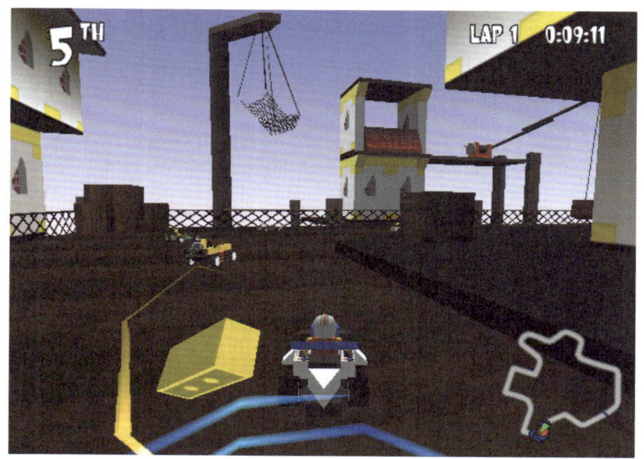

03 신나게 달리다 보면 어느 순간 빨강, 파랑, 노랑, 초록, 흰색의 블럭 아이템이 나타나요. 아이템을 통과하여 획득한 후 Space Bar 를 눌러 다양한 효과를 사용해 보아요.

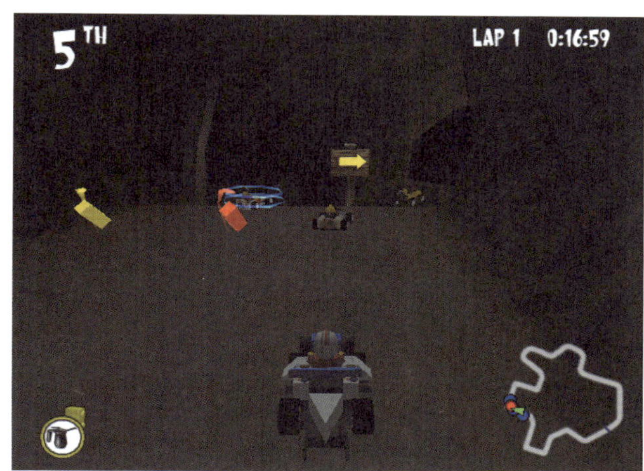

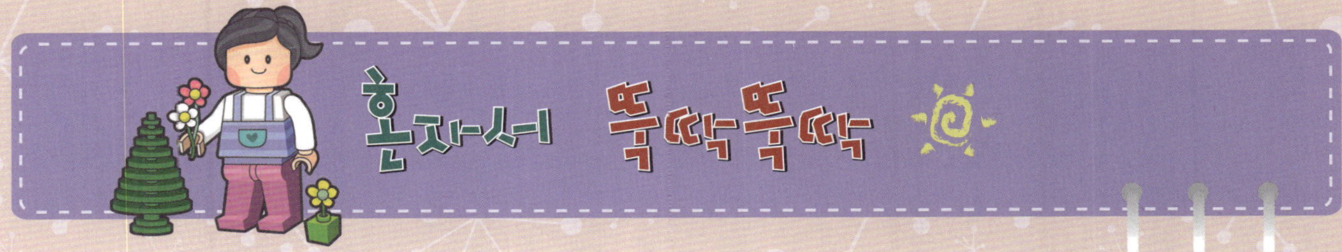

1 경주장을 한 바퀴 돌 때 마다 시간을 기록해 주는 [SINGLE RACE] 메뉴를 이용하여 최고의 점수를 만들어 보아요.

2 '어둠의 숲' 경주장에서 [TIME RACE] 메뉴를 이용하여 총 경주 시간을 기록하며 신나게 경주를 즐겨요.

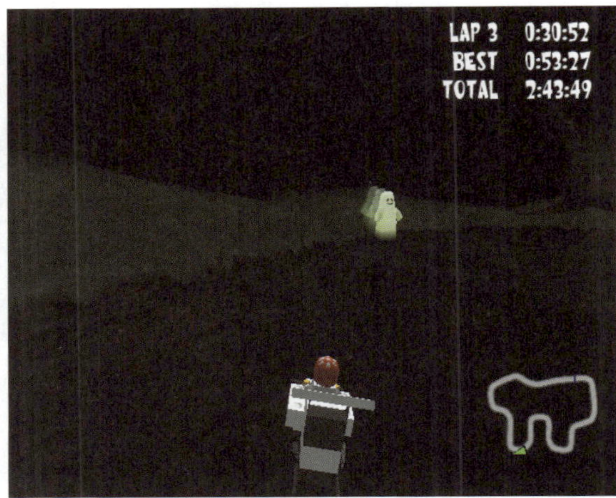

PART
02

레고 디지털 디자이너

레고 디지털 디자이너 프로그램에서 수많은 블럭을 이용하여 재미있는 레고 작품을 만들 수 있어요. 어떤 블럭이 있는지 살펴보고 하나씩 작품을 만들어 가면 어느새 나도 레고 디자이너가 될 수 있어요. 재미있는 레고의 세계에 들어가 볼까요?

09 강

레고 디지털 디자이너 속으로 쏙! 들어가 보아요.

상상 속에 있는 모든 이야기들을 레고 디지털 디자이너를 이용하여 만들어 보아요.
재미있는 레고를 만들려면 레고 디지털 디자인 프로그램을 알아야 해요.

학습 목표

- 레고 디지털 디자이너의 화면 구성을 살펴봅니다.
- 선택 도구를 이용하여 블럭을 선택하는 방법을 알아봅니다.
- 디지털 디자이너의 저장 방법을 알아봅니다.

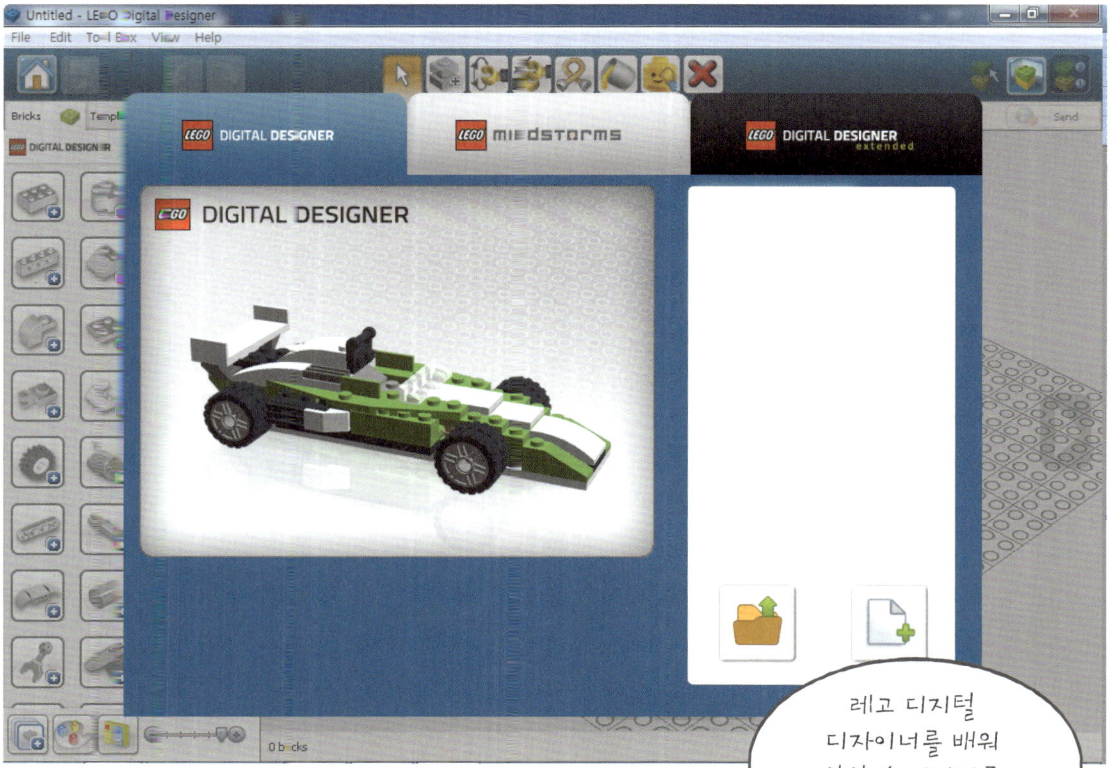

레고 디지털 디자이너 화면 구성을 살펴보아요.

레고 디지털 디자이너 프로그램의 구성과 메뉴의 역할을 알아보아요.

▶ **메인 화면의 구성을 살펴보아요.**

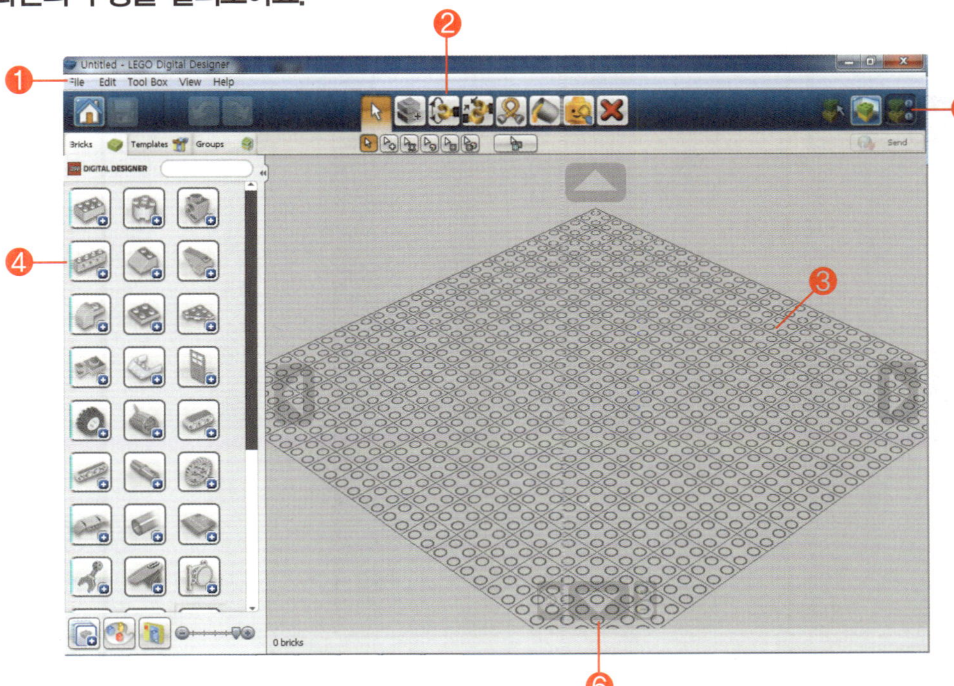

1 **메뉴표시줄** : 프로그램의 전체 메뉴를 사용할 수 있습니다.
2 **도구 상자** : 자주 사용하는 기능들을 아이콘으로 모아 놓은 곳입니다.
3 **조립판** : 블럭을 연결하여 조립하는 공간입니다.
4 **블럭 팔레트** : 레고를 만들 수 있는 블럭들이 나타납니다.
5 **모드 전환** : Build mode와 View mode가 나타납니다.
6 **카메라 컨트롤** : 화면을 확대/축소하여 볼 수 있고 방향도 회전할 수 있습니다.

▶ **도구 상자의 구성을 살펴보아요.**

1 선택 도구   5 구부림 도구
2 복제 도구   6 페인트 도구
3 회전 도구   7 숨김 도구
4 연결 도구   8 삭제 도구

02 블럭을 선택하는 방법을 알아보아요.

블럭을 연결하려면 '블럭 팔레트'에서 블럭을 클릭하여 조립판으로 가져올 수 있어요. 선택 도구를 이동하여 블럭을 연결하는 방법을 알아보아요.

01 도구상자에서 [선택 도구]를 선택하고, [블럭 팔레트]에서 더하기 표시를 클릭하면 상자 속에 있는 다양한 블럭이 나타나요.

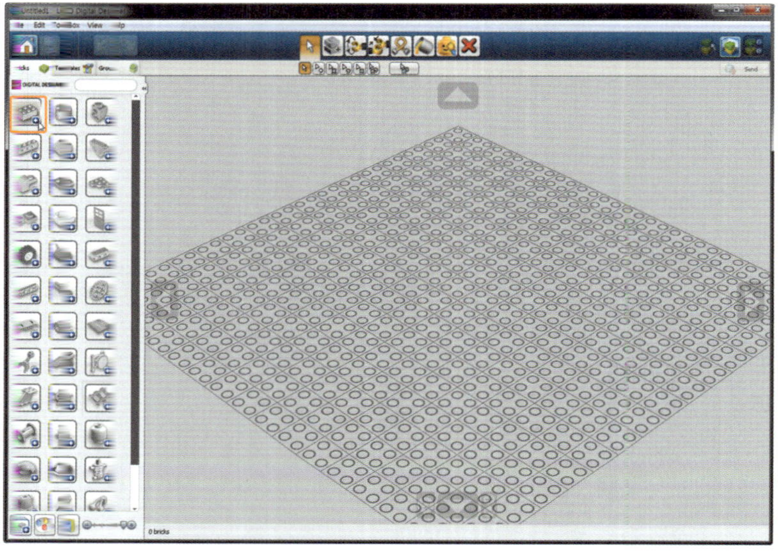

02 블럭을 선택하고 조립판으로 드래그하여 이동한 후 원하는 위치에서 클릭하면 블럭이 연결돼요.

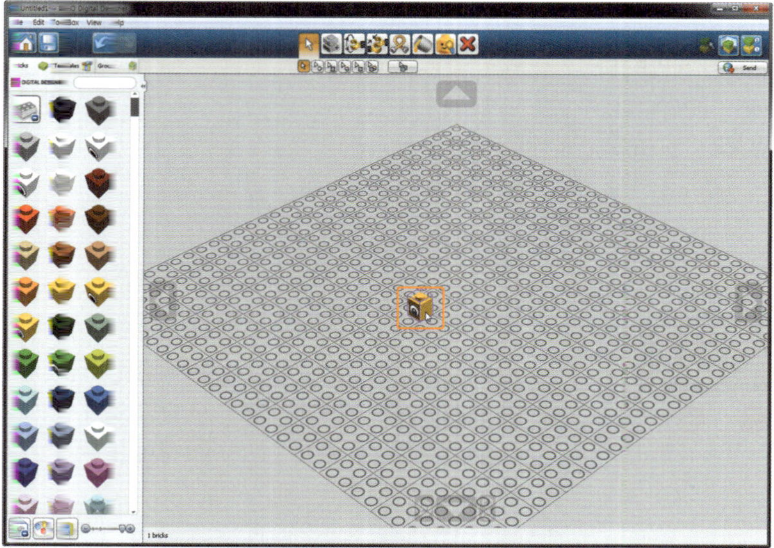

03 레고를 내 컴퓨터 속으로 쏙 저장해요.

디지털 디자이너의 레고를 다시 편집하거나 다른 친구들에게 보여줄 수 있도록 저장하는 방법을 알아보아요.

01 블럭을 저장하기 위해 [File]-[Save] 메뉴를 클릭해요.

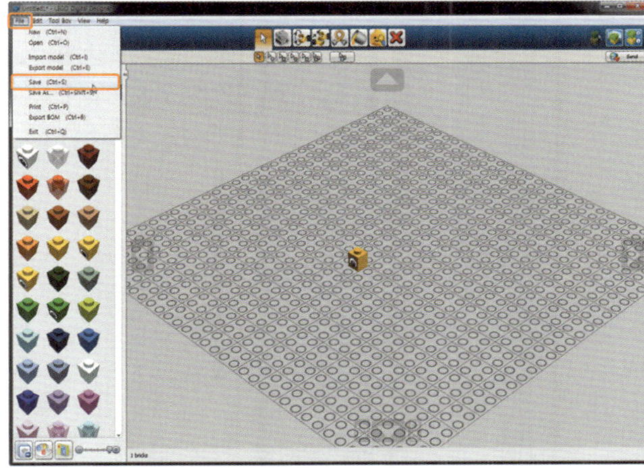

02 [다른 이름으로 저장] 대화상자가 표시되면 저장할 위치를 [바탕 화면]-[레고 세상]으로 지정한 후 파일 이름에 '블럭.lxf'를 입력하고 [저장] 단추를 클릭해요.

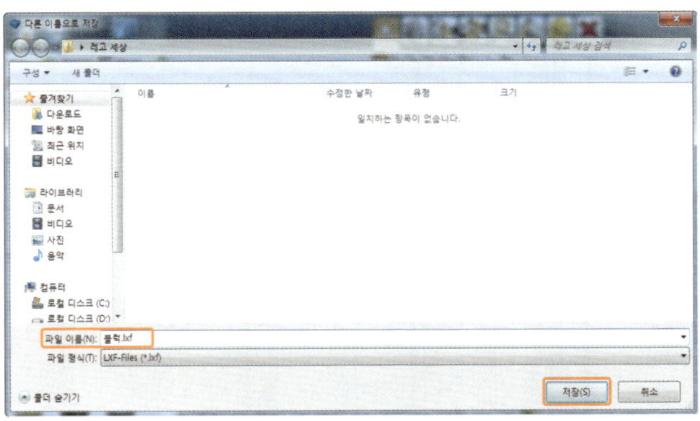

03 [레고 세상] 폴더에 '블럭.lxf' 파일이 저장됐는지 확인해요.

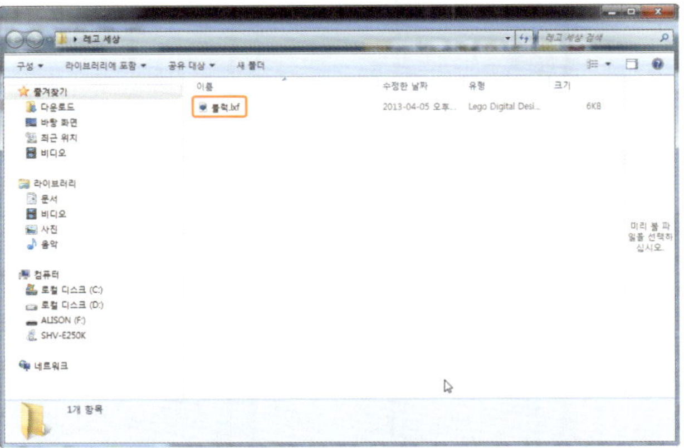

1. '레고 디지털 디자이너'의 화면 구성을 〈보기〉에서 골라 빈 칸에 번호를 적어 보아요.

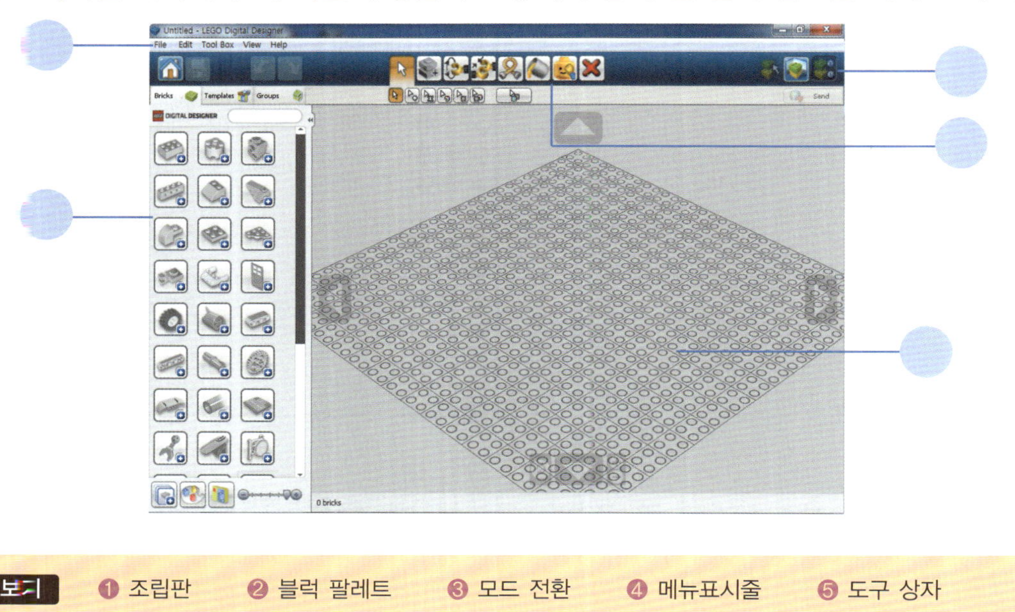

<보기> ❶ 조립판   ❷ 블럭 팔레트   ❸ 모드 전환   ❹ 메뉴표시줄   ❺ 도구 상자

2. '레고 디지털 디자이너'에서 사용하는 도구 아이콘의 이름을 알맞게 연결해 보아요.

회전 도구

구부림 도구

삭제 도구

페인트 도구

10강 블럭 팔레트를 열어라 얍!

블럭 팔레트 속에는 올록볼록 모양도 다르고 알록달록 색상도 다양한 블럭이
숨어 있어요. 숨어 있는 블럭을 찾는 방법에 대하여 알아보아요.

학습 목표
- 검색창을 이용하여 블럭을 찾아봅니다.
- [Filter bricks by color] 메뉴를 살펴봅니다.

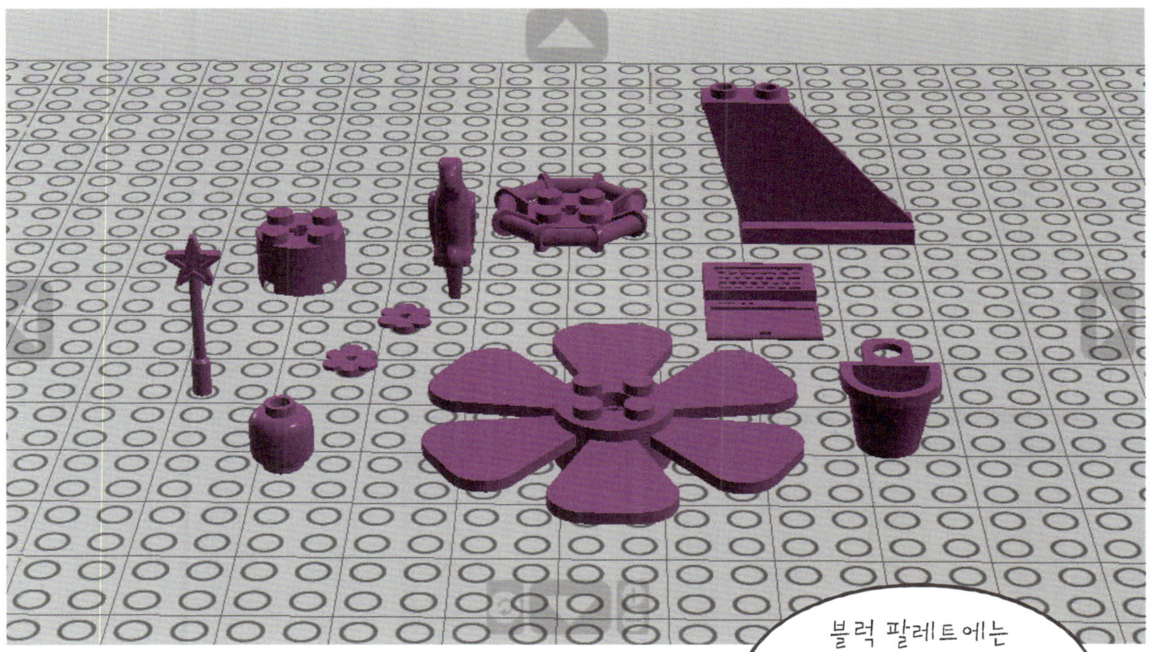

블럭 팔레트 속 블럭을 찾아보아요.

블럭 팔레트에는 어떤 블럭이 있을까요? 모양도 다르고 색상도 다양한 블럭들을 살펴 보아요.

01 [블럭 팔레트] 속에 있는 다양한 모양의 블럭을 찾기 위해 더하기 표시를 누르면 블럭들이 나타나요. 나타난 블럭을 다시 모으려면 빼기 표시를 클릭해요.

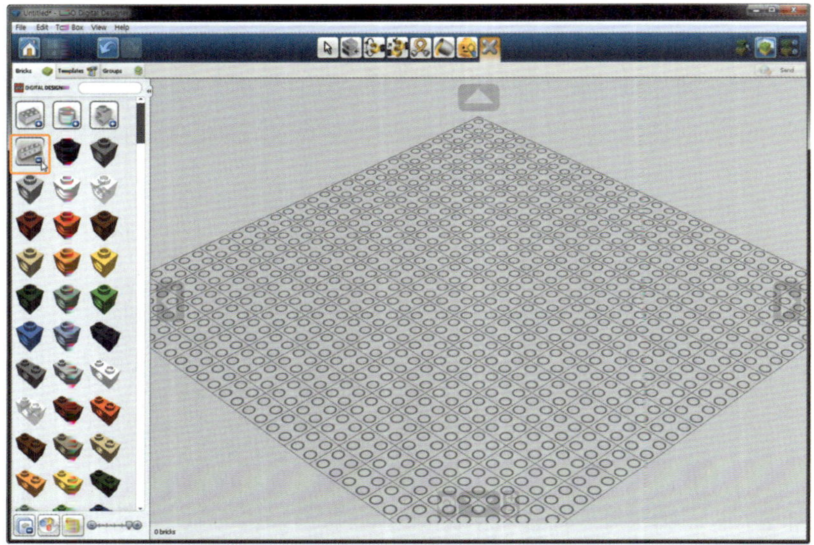

02 그림과 같이 스크롤 바를 위 아래로 움직이면 [블럭 팔레트]에 있는 블럭이 나타나요.

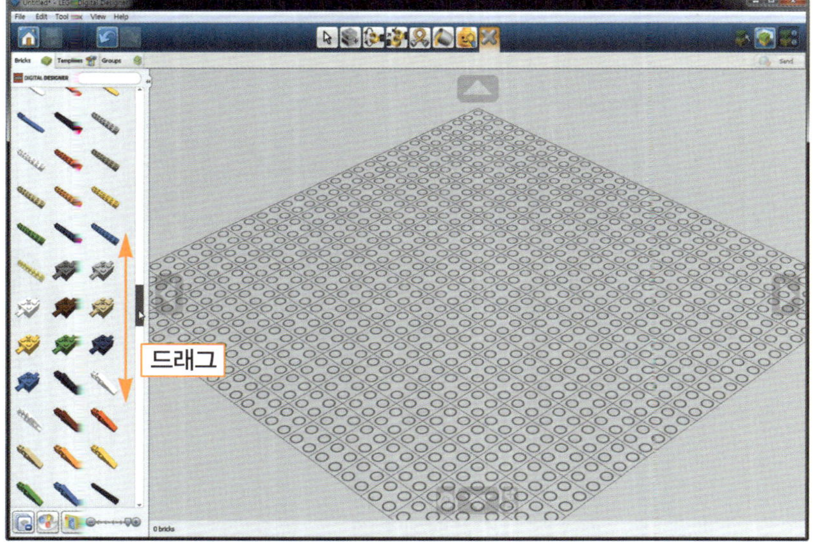

검색창에 영어단어 'apple'을 입력하면 어떤 모양의 블럭이 나타날까요. 아마도 사과 모양의 블럭을 찾을 수 있겠죠. 검색창을 이용하여 사과 모양의 블럭을 찾아보아요.

01 사과 모양의 블럭을 찾기 위해 검색창에 영어단어 'apple'을 입력하면 과일 모양의 [블럭 팔레트]가 나타나요.

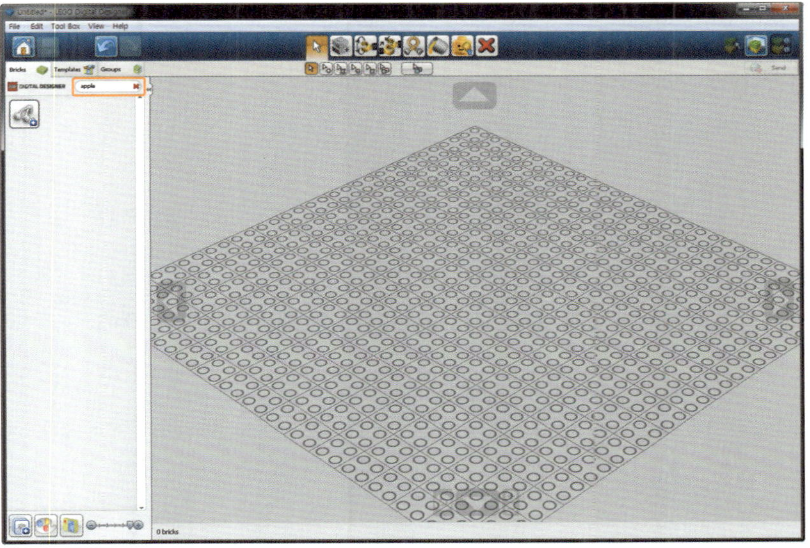

02 [블럭 팔레트]의 더하기 표시를 클릭하면 사과 모양의 블럭이 나타나요.

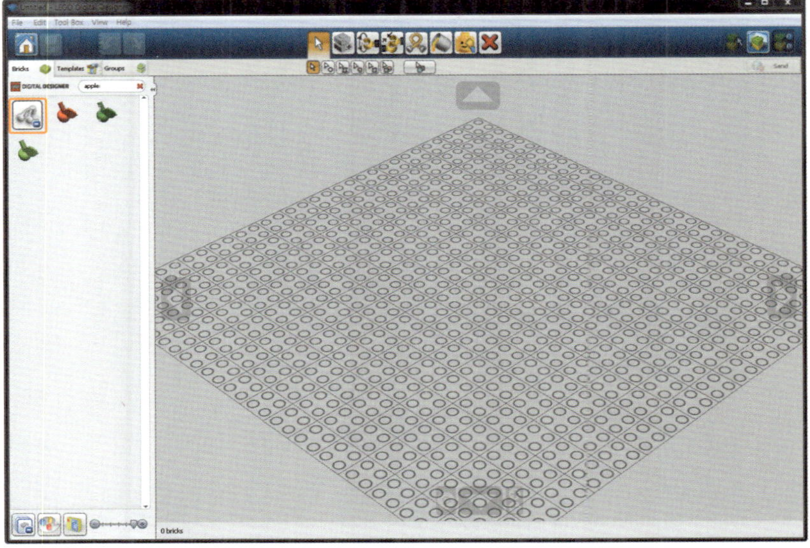

03 보라색 블럭만 모여라!

[Filter bricks by color] 메뉴를 클릭하면 색상을 선택하여 블럭을 찾을 수 있어요. 보라색 블럭은 어떤 모양의 블럭이 있는지 알아보아요.

01 [Filter bricks by color] 메뉴를 클릭하면 색상 팔레트가 나타나요. 팔레트에서 보라색을 선택하면 보라색 블럭이 들어있는 [블럭 팔레트]들이 나타나요.

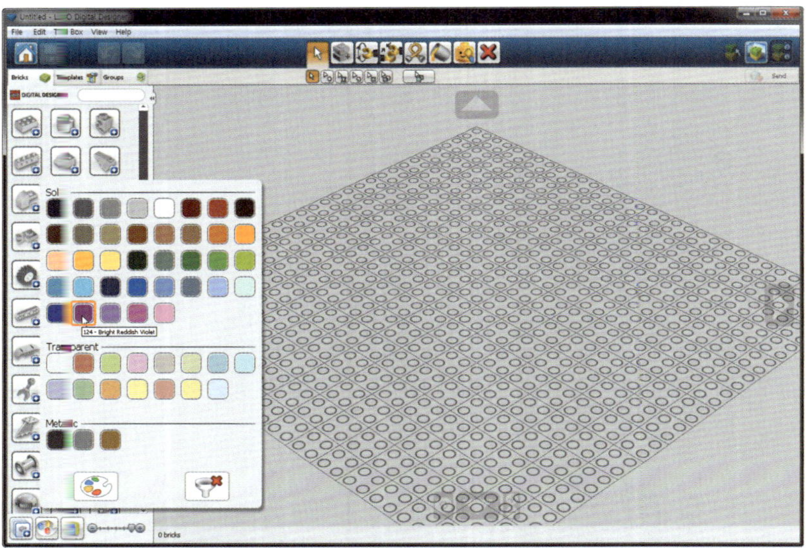

02 [블럭 팔레트]의 더하기 표시를 클릭하면 다양한 모양의 보라색 블럭이 나타나요.

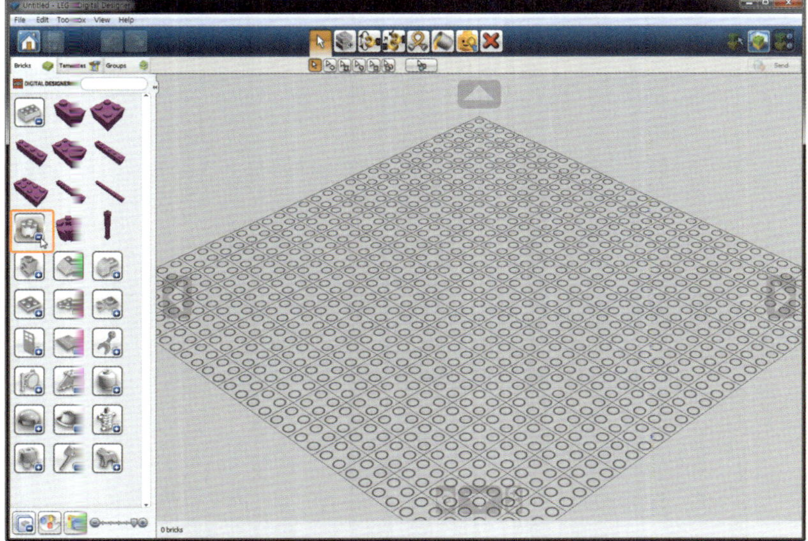

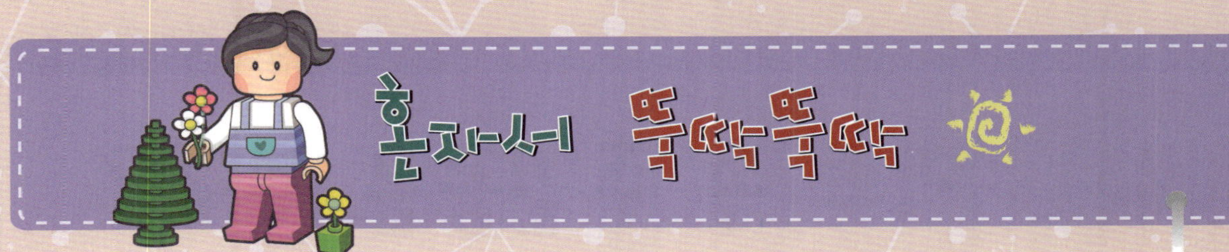

1. 검색창에서 영어단어 'window'를 입력하여 창문 모양의 블럭을 검색해요. 그림과 같이 창문 모양의 블럭을 찾아 연결해 보아요.

2. [Filter bricks by color] 메뉴를 클릭하여 색상 팔레트에서 '37-Bright Green' 색을 선택하여 그림과 같은 블럭을 찾아요.

11강 하트 속 주인공은 누구?

한 개의 블럭을 여러 개의 블럭으로 만들 수 있어요. 블럭을 복제하여 복제된 쌍둥이 블럭을 연결하여 하트 모양의 블럭을 만들어요. 하트 모양의 블럭 속에는 귀여운 고양이가 숨어 있어요.

학습 목표
- [복제] 도구를 이용하여 쌍둥이 블럭을 만들어봅니다.
- 고양이가 숨어 있는 하트 블럭을 완성해봅니다.

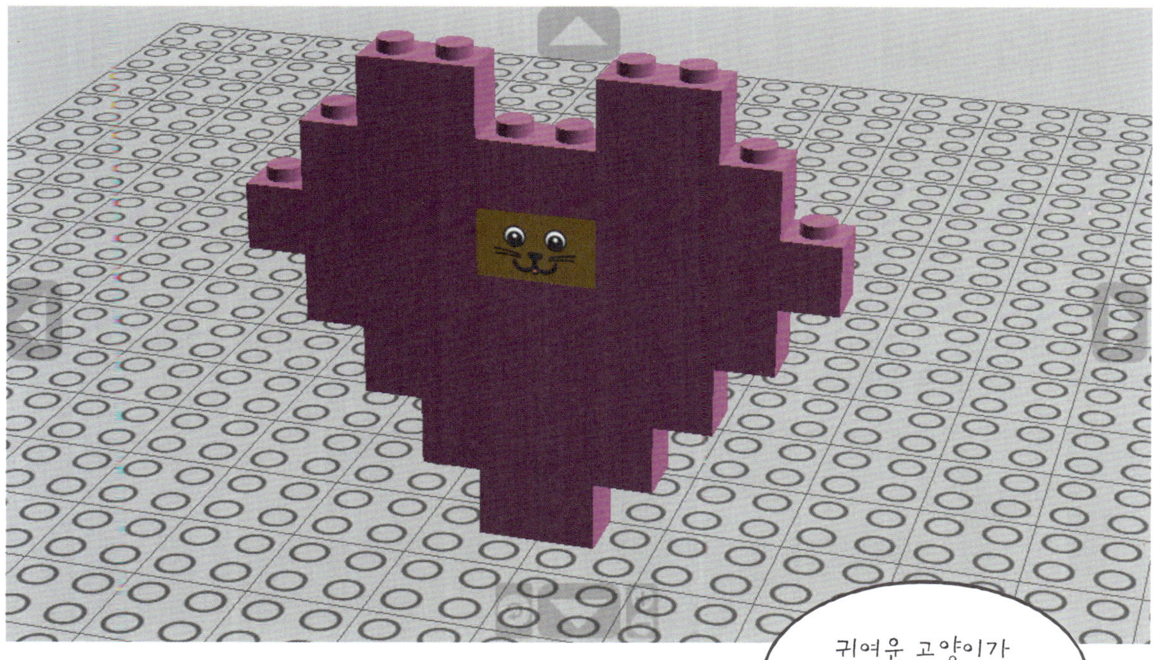

01 쌍둥이 블럭을 만들어 보아요.

도구상자에는 블럭을 복제할 수 있는 [복제] 도구 메뉴가 있어요. [복제] 도구를 클릭하여 똑같은 모양의 블럭을 복제하는 방법을 알아보아요.

01 도구상자에서 [선택] 도구 메뉴를 클릭하고 [블럭 팔레트]에서 그림과 같은 블럭을 찾아 조립판에 연결해요.

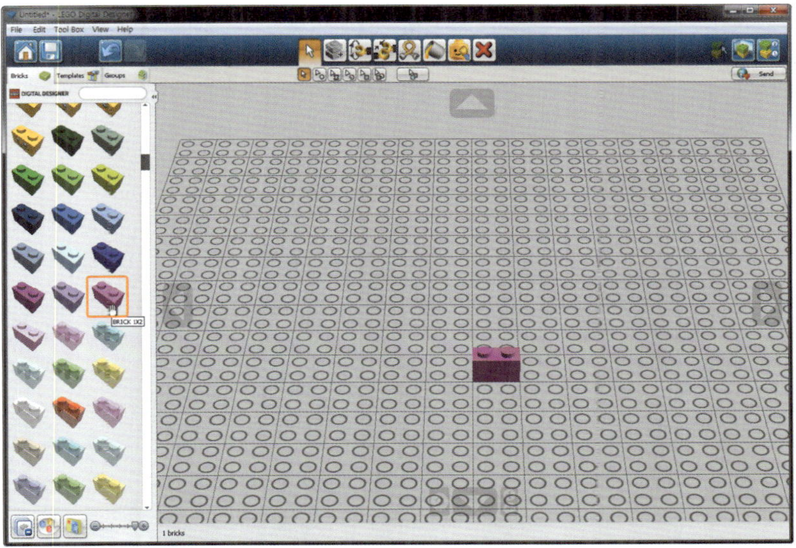

02 도구상자에서 [복제] 도구를 클릭하고 블럭을 선택하면 똑같은 모양의 블럭이 나타나요.

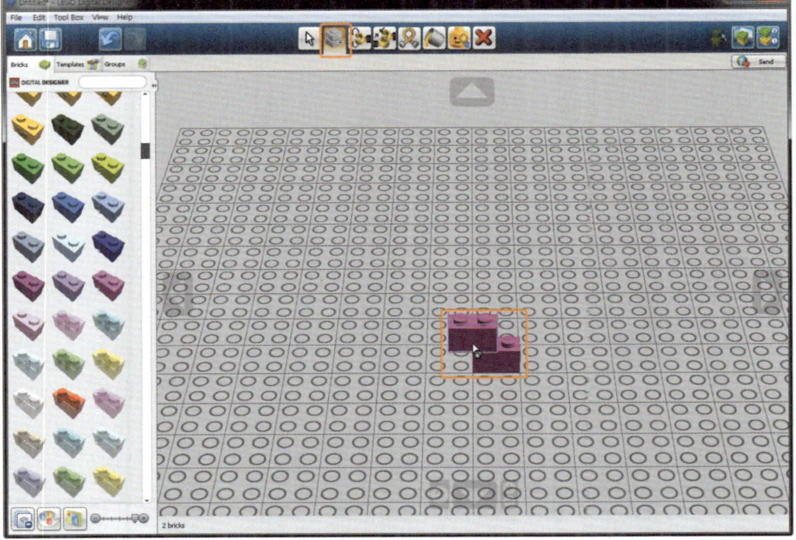

블럭을 높이! 높이! 쌓아 보아요.

블럭을 복제하여 예쁜 하트를 만들어요. 고양이 얼굴 모양의 블럭도 찾아 연결해 보아요.

01 [복제] 도구를 이용하여 블럭을 복사하고 그림과 같이 연결해요.

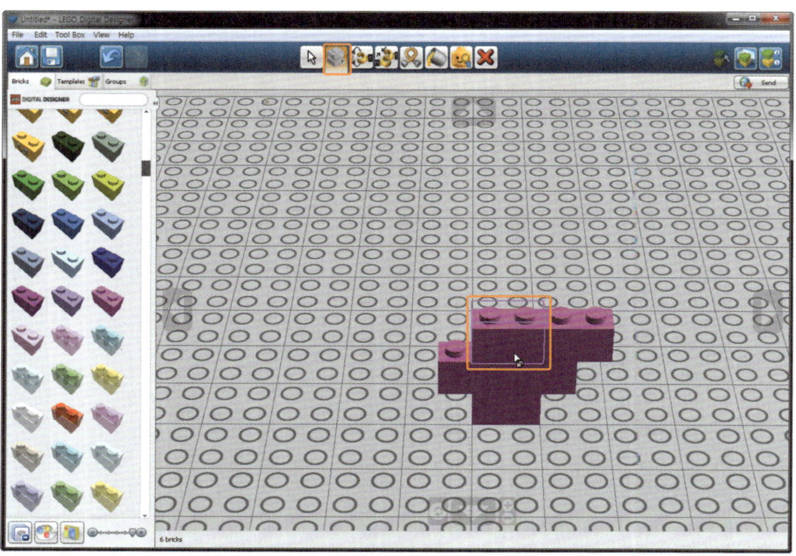

02 [🧱 블럭 팔레트]에서 고양이 얼굴 모양의 블럭을 찾아 블럭 위에 그림과 같이 연결해요.

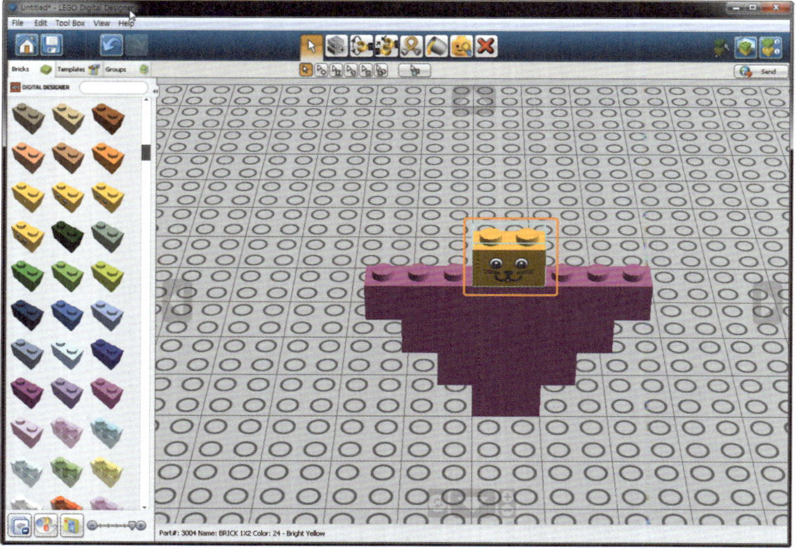

03 하트를 완성해 보아요.

[복제] 도구로 블럭을 연결하여 고양이가 숨어있는 하트를 완성해요.

01 고양이 얼굴 모양의 블럭을 연결한 후 [복제] 도구를 클릭해요.

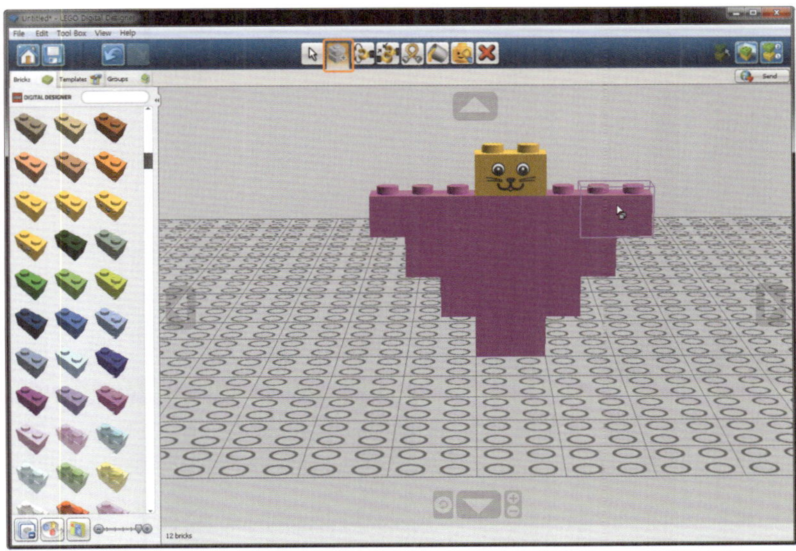

02 [복제] 도구를 이용하여 블럭을 복제하고 그림과 같이 연결하여 고양이가 숨어있는 하트를 완성해요.

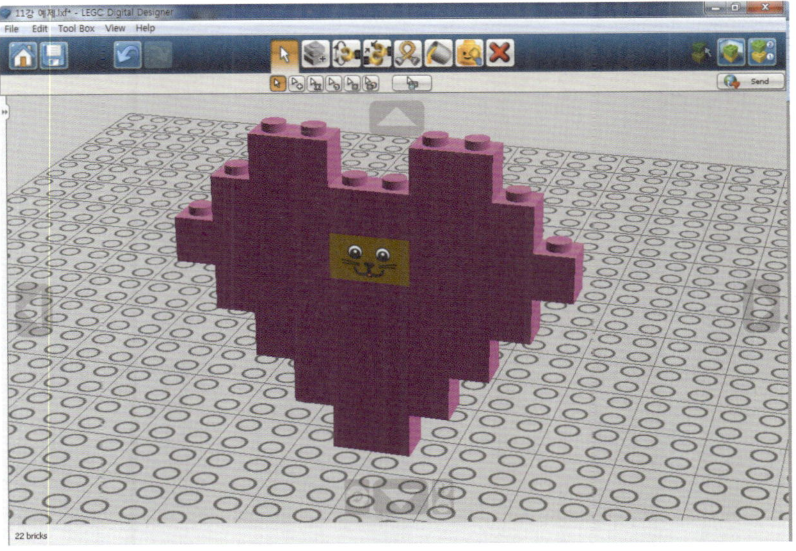

① [복제] 도구를 이용하여 다음과 같은 블럭을 완성해 보아요.

HINT

[🔲 블럭 팔레트]에서 블럭을 찾아요.

② 강아지가 숨어 있는 블럭을 만들어 보아요.

HINT

[🔲 블럭 팔레트]에서 블럭을 찾아요.

12강 동물원으로 소풍을 가요.

동물원으로 소풍 온 새들을 '삭제' 도구를 이용하여 삭제해 보아요.
새들이 집으로 돌아가면 동물원에는 몇 마리의 동물들이 남아 있을까요?

학습 목표

● 블럭의 방향을 회전하기 위해 방향키를 이용하는 방법을 알아봅니다.
● [삭제] 도구를 이용하여 블럭을 삭제하는 방법을 알아봅니다.

동물원을 만들기 위해 블록을 찾아 연결하여 동물이 뛰어 놀 수 있는 동물원을 만들어 보아요.

01 [🔲 블럭 팔레트]에서 블럭을 찾아 연결하고 [복제] 도구를 클릭하여 블럭을 복제한 후 그림과 같이 연결해요.

02 [🔲 블럭 팔레트]에서 블럭을 찾아 그림과 같이 연결해요. 방향키로 블럭을 회전하여 연결해요.

동물원에 새들이 놀러와 즐거운 시간을 보내고 있어요. 새와 토끼가 이야기하고 말은 새를 등에 업고 함께 놀아 주어요.

01 [🔍 블럭 팔레트]에서 블럭을 찾아 그림과 같이 동물원을 만들어 보아요.

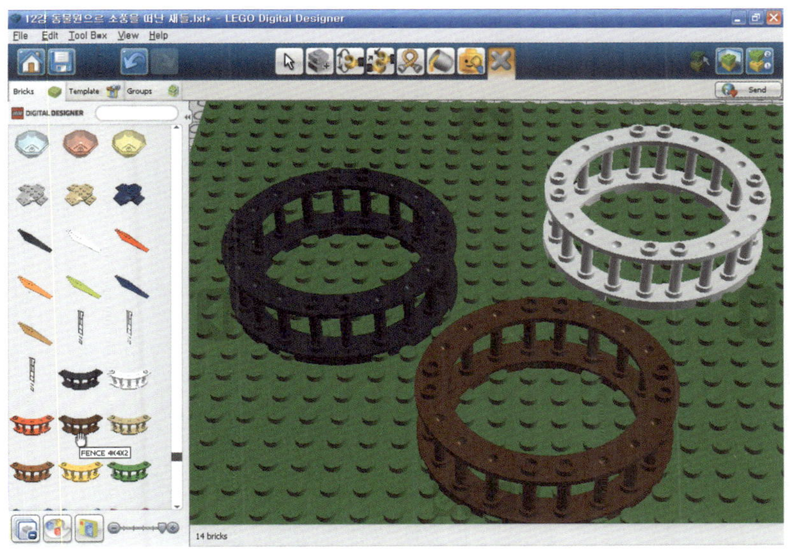

02 동물원이 완성되면 [🐕 블럭 팔레트]에서 그림과 같은 동물과 새 모양의 블럭을 찾아 연결해 보아요.

03 동물만 그대로 멈춰라!

새들이 어미 새를 따라 새장으로 돌아가면 동물원에는 동물들만 남아 있어요. 동물원에 남은 동물들은 므두 몇 마리일까요?

01 블럭을 삭제하기 위해 [삭제] 도구를 클릭하고 새 모양의 블럭을 선택하면 블럭이 삭제돼요.

02 새 모양의 블럭을 모두 삭제하면 동물원에는 몇 마리의 동물들이 남아 있을까요? [삭제] 도구를 이룡하여 새 모양의 블럭을 모두 삭제허 보아요.

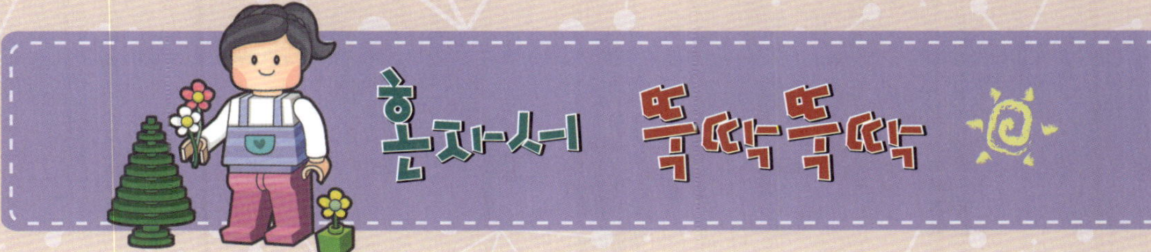

① [ 블럭 팔레트]에서 물고기와 불가사리 모양의 블럭을 찾아 연결해요.

HINT
[블럭 팔레트]에서 블럭을 찾아요.

② 불가사리를 [삭제] 도구를 클릭하여 삭제하면 물고기는 몇 마리가 남아 있을까요?

13강 춤추는 피규어

블럭을 연결하여 멋쟁이 피규어를 만들어요. 피규어의 몸을 회전하여 춤추는 모습을 표현해 보아요. 아이돌 가수처럼 멋진 댄스 실력을 보여줘요.

학습 목표
- 멋쟁이 피규어를 만들어봅니다.
- [회전] 도구로 피규어의 몸을 회전하는 방법을 알아봅니다.

피규어를 만들어 보아요.

피규어를 멋지게 만들기 위해 [블럭 팔레트]에서 '상의', '하의'를 선택하여 멋진 의상을 코디해 보아요.

01 [선택] 도구를 클릭하고 피규어를 만들기 위해 [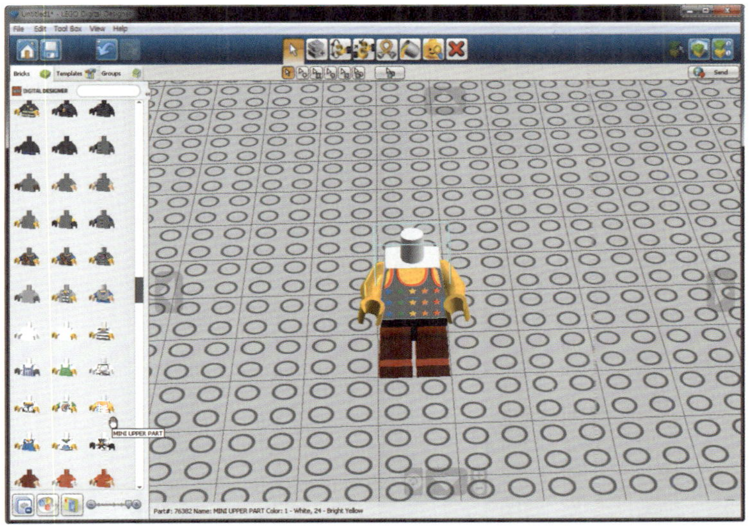 블럭 팔레트]에서 '상의', '하의'를 찾아 연결해요.

02 피규어의 얼굴과 머리 스타일을 만들기 위해 [블럭 팔레트]에서 그림과 같은 '얼굴', '헤어'를 선택하여 연결해 보아요.

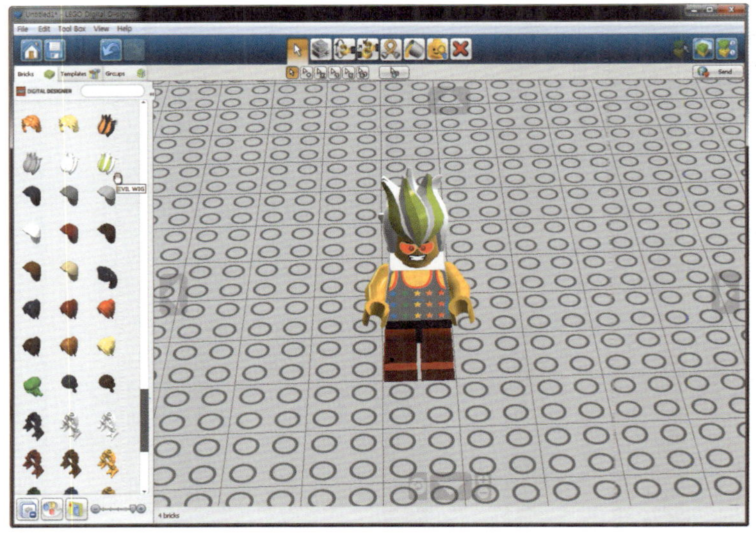

피규어의 팔을 움직여 보아요.

피규어를 360˚ 회전을 하기 위해 [회전] 도구를 이용하여 피규어의 팔을 춤추는 동작으로 만들어 보아요.

01 [회전] 도구를 클릭한 후 그림과 같이 회전할 부분의 팔을 클릭해요. 회전할 부분이 선택되면 그림과 같은 초록색 화살표와 회전판이 나타나요.

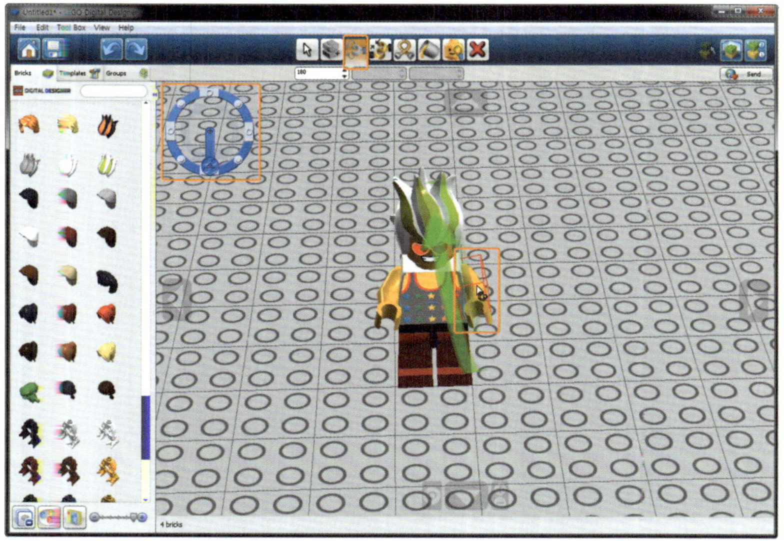

02 초록색 화살표를 드래그하거나 왼쪽 상단에 있는 회전판의 막대를 움직여 방향을 회전할 수 있어요.

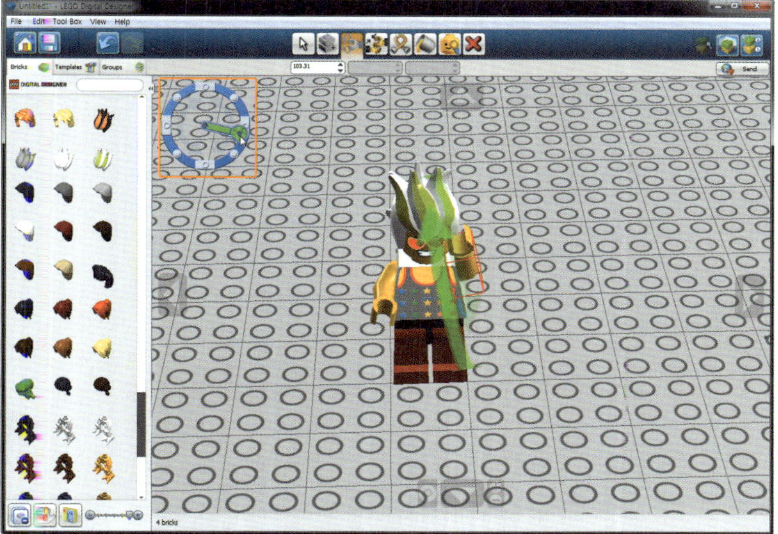

피규어의 다리를 움직여 보아요.

멋진 춤을 추는 피규어를 만들기 위해 [회전] 도구를 이용하여 다리와 몸을 회전시켜 피규어가 춤을 추는 모습을 표현해 보아요.

01 [회전] 도구를 클릭하고 다리를 선택한 후 드래그하여 그림과 같이 회전시켜 보아요.

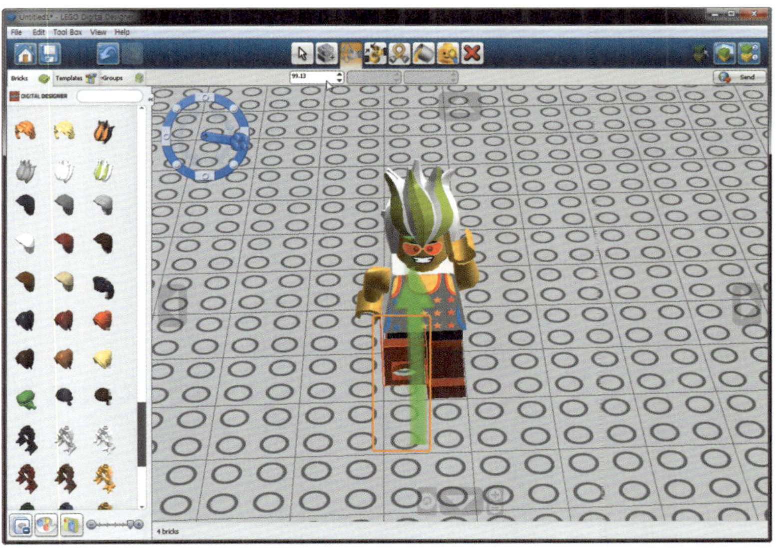

02 [회전] 도구를 클릭하고 몸을 선택한 후 드래그하여 그림과 같이 회전하여 춤추는 동작을 완성해 보아요.

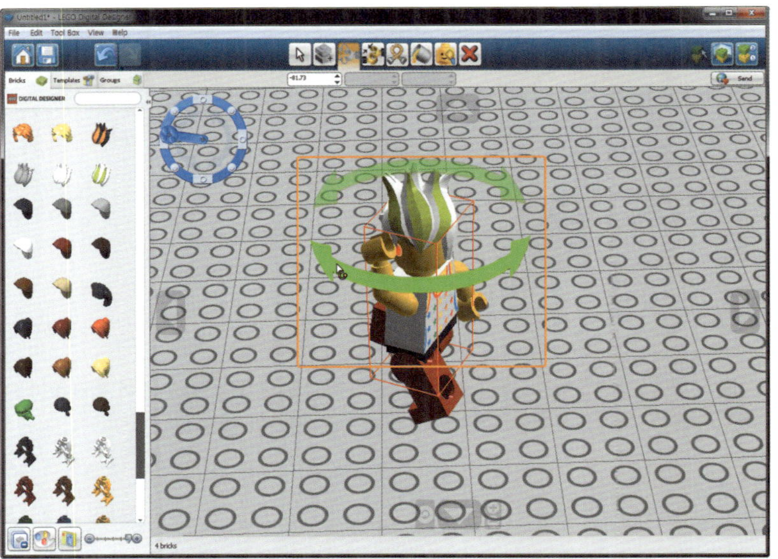

1 용감한 닌자고 피규어를 만들어 보가요.

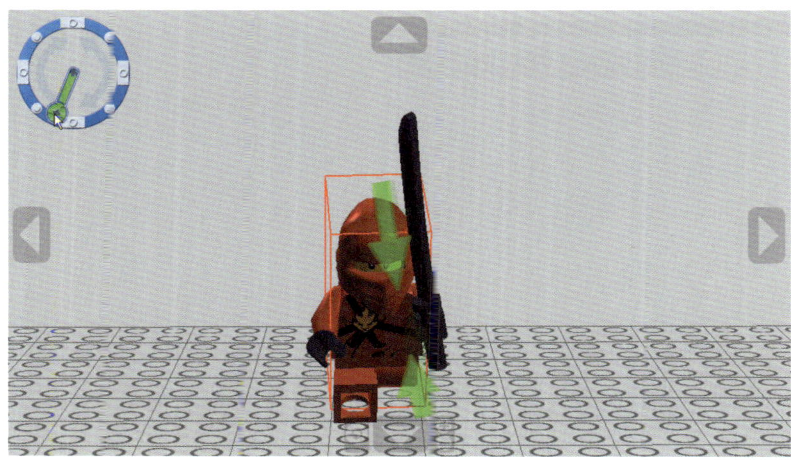

[ 블럭 팔레트]에서 칼 모양의 블럭을 찾아요.

2 즐겁게 춤을 추는 커플 피규어를 만들고 [회전] 도구로 움직여 보아요.

[ 블럭 팔레트]에서 블럭을 찾아요.

14강 알록달록 'LOVE'를 만들어 보아요.

색상 팔레트에는 다양한 색이 모여 있어요. 완성된 'LOVE'를 색상 팔레트를 이용하여 다양한 색으로 바꾸어 알록달록한 'LOVE'를 완성해 보아요

학습 목표

- [복제] 도구를 이용하여 'LOVE'를 만들어봅니다.
- [색상 팔레트]를 이용하여 색을 바꾸는 방법을 알아봅니다.

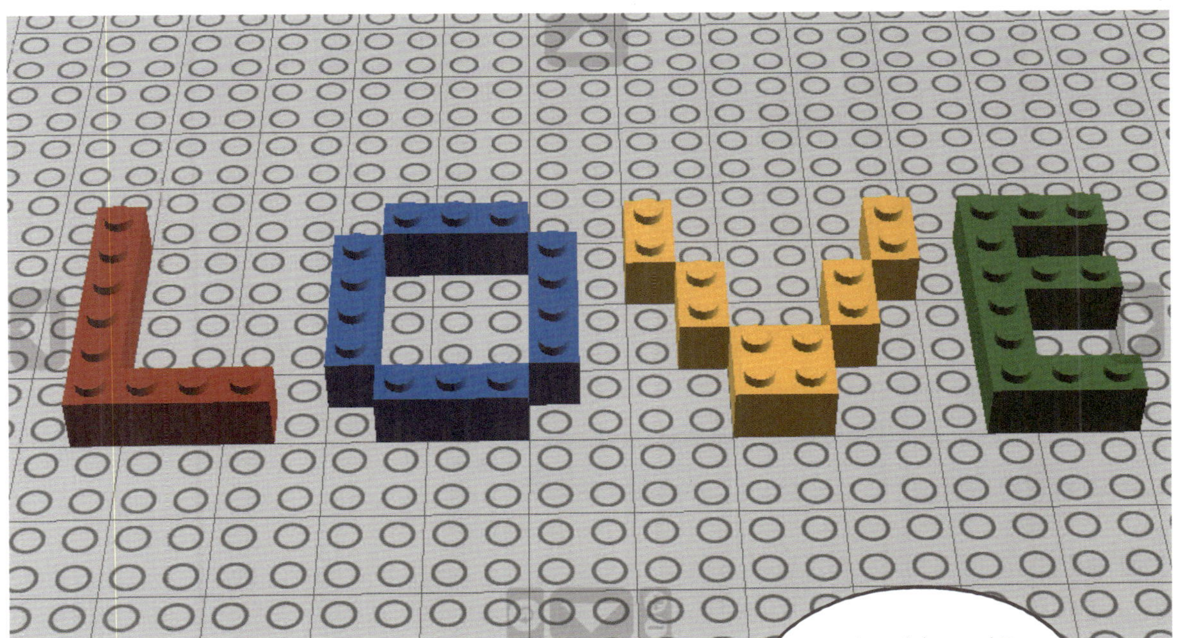

'LOVE'를 만들어 보아요.

검정색 블럭을 연결하여 'LOVE'를 만들어요. 알파벳을 만들 때 서로 다른 방향의 블럭을 연결하려면 키보드의 방향키를 이용하여 연결해요.

01 [블럭 팔레트]에서 블럭을 찾아 연결해요. 방향이 맞지 않은 블럭은 그림과 같이 키보드의 방향키를 눌러 블럭을 회전하여 연결해요.

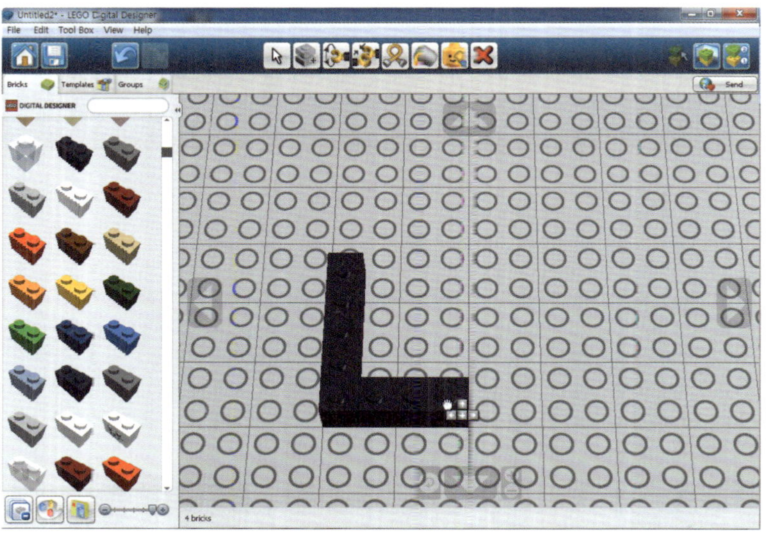

02 그림과 같이 블럭을 연결하여 'LOVE'를 만들어 보아요. 같은 모양의 블럭은 [복제] 도구를 이용하여 연결해 보아요.

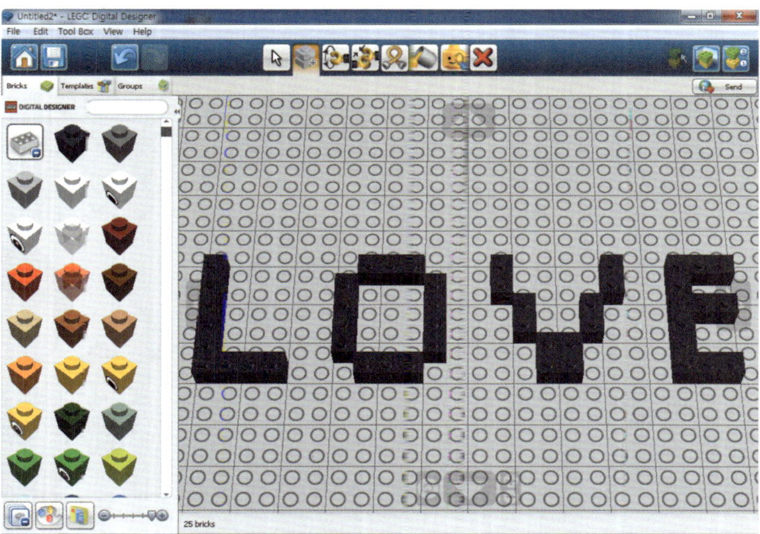

색상 팔레트를 열어 보아요.

검정색 블럭으로 연결한 'LOVE'가 완성되면 색상 페인트 도구를 클릭하여 팔레트를 이용하는 방법을 알아보아요.

01 완성된 'LOVE'의 색을 바꾸기 위해 [페인트] 도구를 클릭해요.

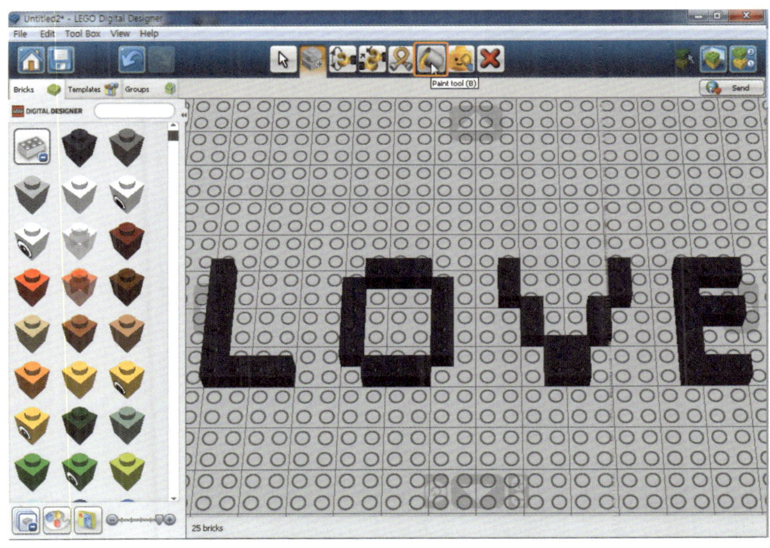

02 [페인트] 도구를 클릭한 후 블럭을 선택하면 [색상 팔레트]가 그림과 같이 나타나요. 빨강색 블럭을 클릭해요.

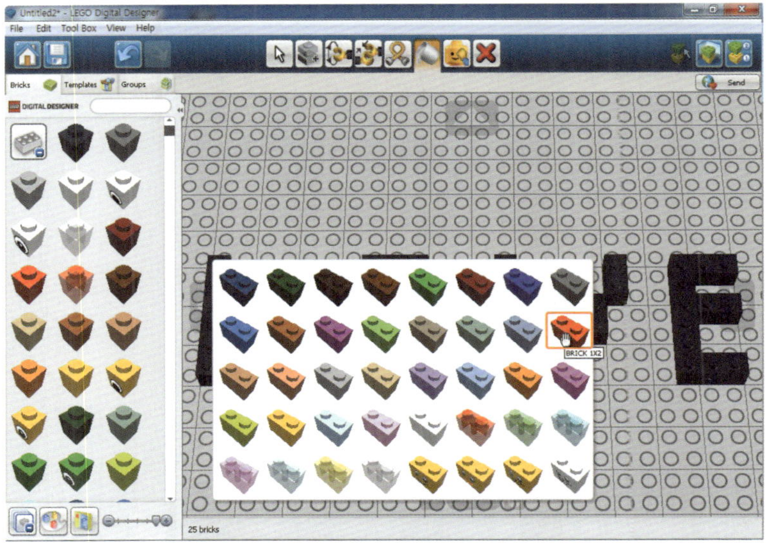

03 'LOVE'를 알록달록한 색으로 꾸며 보아요.

검정색 블럭으로 연결하여 만든 'LOVE'를 색상 팔레트에서 다양한 색으로 바꾸어 알록달록한 'LOVE'를 완성해 보아요.

01 [색상 팔레트]에서 빨강색을 클릭하면 그림과 같이 선택한 블럭의 색이 빨강색으로 바뀌어요.

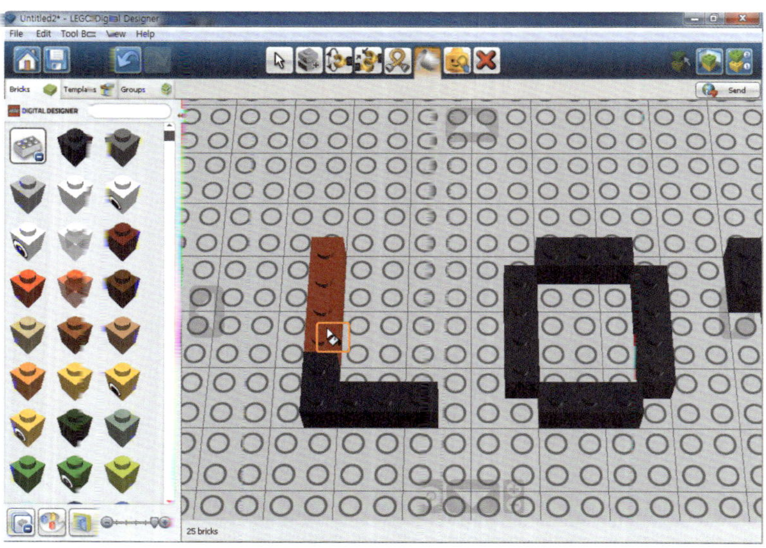

02 [페인트] 도구를 이용하여 색상 팔레트에서 그림과 같은 색을 찾아 바꾸어 알록달록한 'LOVE'를 완성해요.

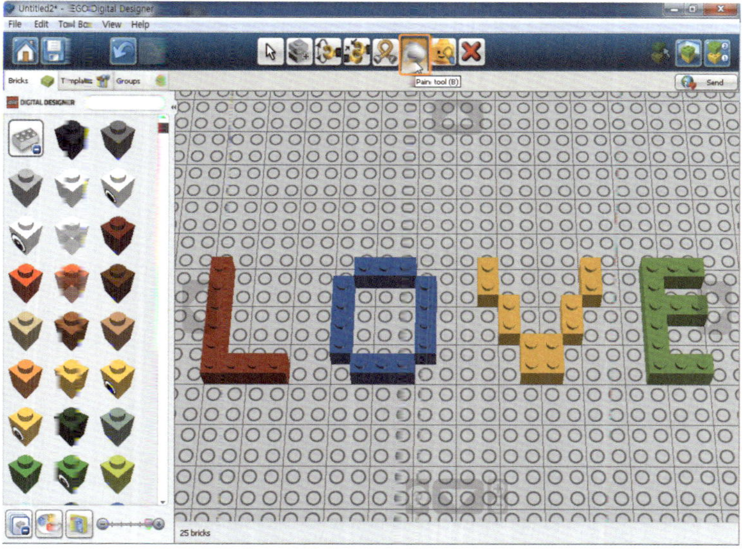

1 흰색 블럭을 연결한 후 [페인트] 도구를 이용하여 그림과 같이 블럭을 빨강색으로 바꾸어 완성해요.

[🔲 블럭 팔레트]에서 블럭을 찾아요.

2 검정색 블럭을 연결하여 'HELLO'를 만들고 [페인트] 도구를 이용하여 색상을 바꾸어 보아요.

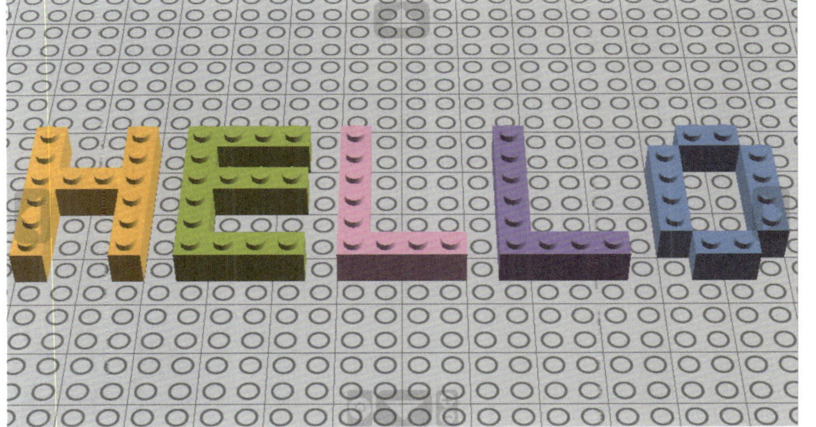

[🔲 블럭 팔레트]에서 블럭을 찾아요.

15강 무궁화 꽃이 피었습니다.

꽃밭에 꽃이 활짝 디었습니다. 활짝 피어난 꽃을 '숨김' 도구를 이용하여 숨기고
눈 깜박할 사이에 끝밭에 다시 꽃을 피어나게 만들어 보아요.

**학습
목표**

- 블럭을 찾아 연결하여 꽃밭을 만들어봅니다.
- [숨김] 도구를 이용하여 꽃밭에 있는 꽃들을 숨겨봅니다.

꽃밭에 나무를 심어 보아요.

꽃밭을 만들기 위해 다양한 종류의 나무도 심고 울타리도 만들어 꽃들이 활짝 피어날 수 있게 꽃밭을 꾸며보아요.

01 [🔲 블럭 팔레트]에서 블럭을 찾아 그림과 같이 연결해요. [복제] 도구를 클릭하여 블럭을 복제하여 그림과 같이 연결해요.

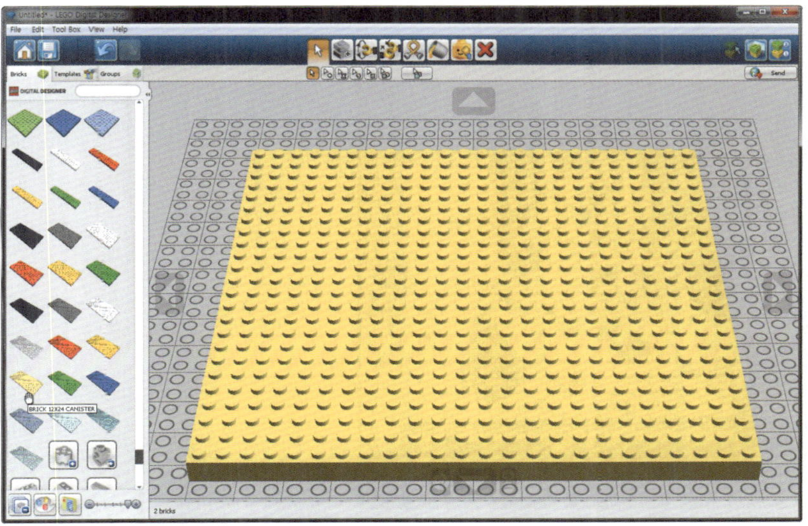

02 [🔲 블럭 팔레트]에서 다양한 나무 모양의 블럭과 울타리 모양의 블럭을 찾아 그림과 같이 연결해요.

꽃밭에 활짝 피어난 꽃들을 [숨김] 도구를 이용하여 꽃이 피었다 지는 꽃처럼 만들어 보아요.

01 [선택] 도구를 클릭하고 [🔳 블럭 팔레트]에서 다양한 색상의 꽃잎 모양의 블럭을 찾아 연결해 보아요.

02 활짝 피어난 다양한 색상의 꽃들을 [숨김] 도구를 클릭한 후 선택하면 꽃들이 꽃밭에서 모두 사라 져요.

사라진 꽃을 다시 활짝 피어보아요.

꽃밭에 꽃이 모두 사라졌어요. 꽃들이 어디로 숨었을까요? 사라진 꽃들을 꽃밭에 다시 활짝 피어나게 해보아요.

01 사라진 꽃들을 꽃밭에 다시 나타나게 하기 위해 오른쪽 상단에 보이는 [숨김] 아이콘을 클릭해요.

02 [숨김] 아이콘을 클릭하면 사라진 모든 꽃들이 눈 깜박할 사이에 다시 활짝 피어나요.

① 아이스크림 열매 중 초코 아이스크림만 [숨김] 도구를 이용하여 숨겨 보아요.

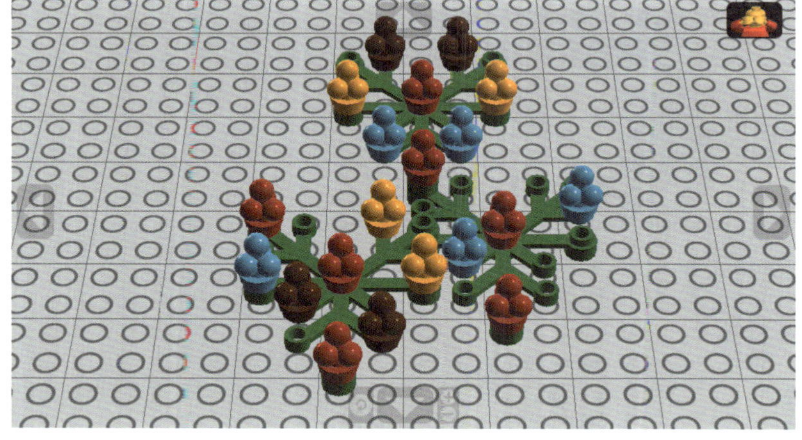

 [블럭 팔레트]에서 블럭을 찾아요.

② 체스판을 만들고 미니 피규어 중 파란색만 [숨김] 도구로 숨겨 보아요.

 [블럭 팔레트]에서 블럭을 찾아요.

응답하라! 스파이더맨

우리들의 영웅 스파이더맨이 나타났어요. 스파이더맨이 건물위로 올라갈 수 있도록 '구부림' 도구로 블럭을 구부려 건물 위로 연결하는 방법을 알아보아요.

학습 목표

● 회색도시와 스파이더맨 피규어를 만들어봅니다.
● 블럭을 [구부림] 도구를 이용하여 구부려봅니다.

우리들의 영웅 스파이더맨을 만들어 보아요.

빨강 망토를 걸친 스파이더맨을 만들기 위해 [블럭 팔레트]에서 블럭을 찾아 연결하여 스파이더맨을 멋지게 꾸며 완성해 보아요.

01 회색도시를 만들기 위해 [🗔 블럭 팔레트]에서 블럭을 찾아 그림과 같이 조립판 왼쪽 부분에 연결해요

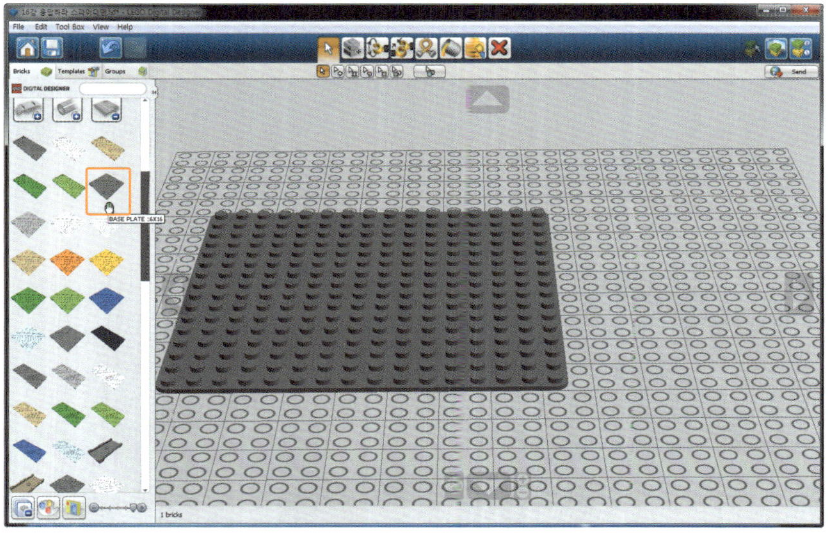

02 연결해 놓은 블럭 위에 스파이더맨을 만들기 위해 [🗔 블럭 팔레트]에서 그림과 같은 블럭을 찾아 연결해요.

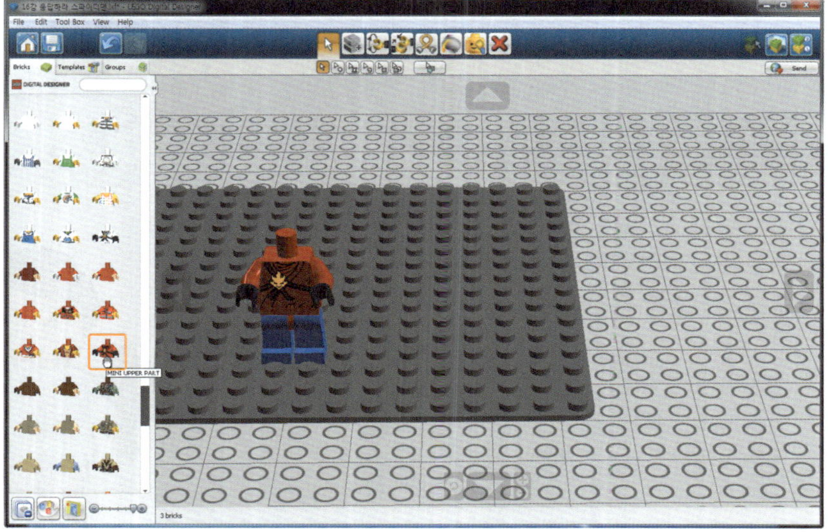

03 [블럭 팔레트]에서 빨강 망토 모양의 블럭을 찾아 그림과 같이 연결해요.

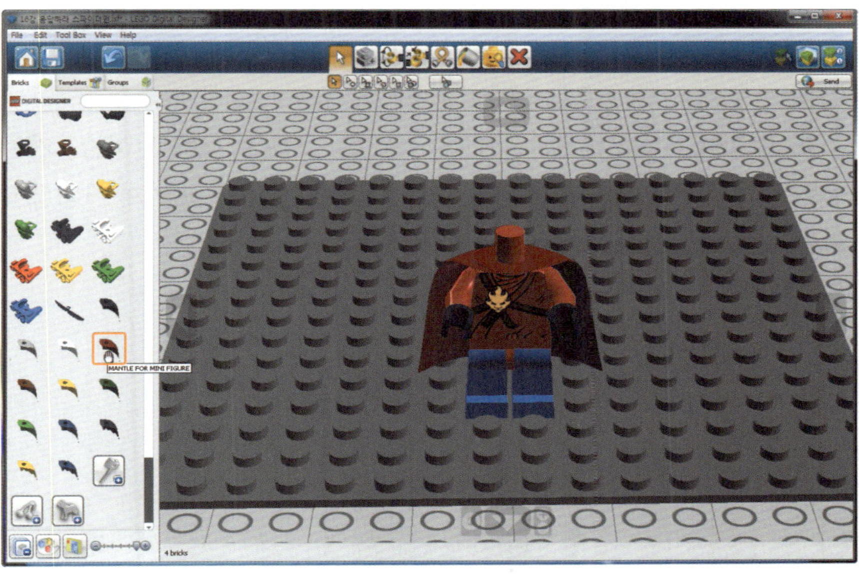

04 스파이더맨의 얼굴을 만들기 위해 [블럭 팔레트]에서 블럭을 찾아 그림과 같이 연결하여
스파이더맨을 완성해 보아요.

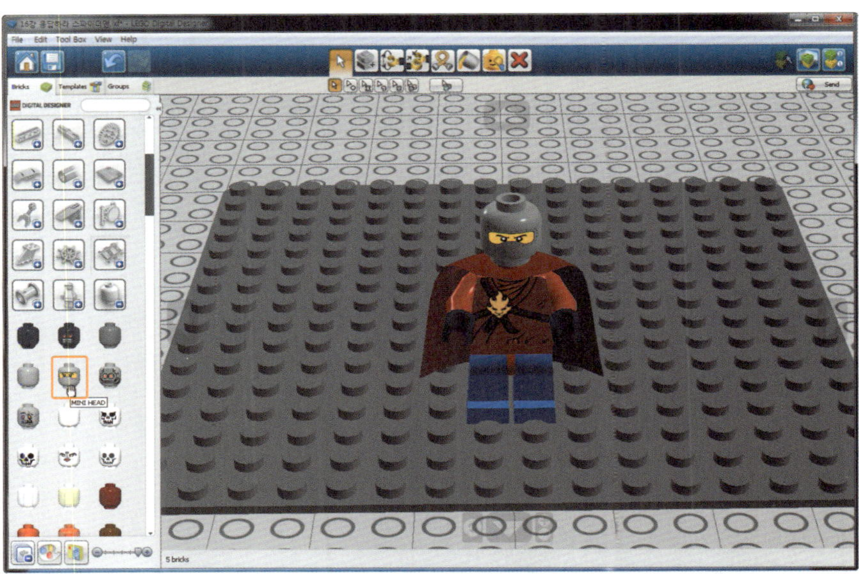

회색도시를 만들어 보아요.

우리의 영웅 스파이더맨은 건물 위로 올라가 악당들을 물리치는 멋진 영웅이에요. 스파이더맨이 나타나는 높은 건물들이 있는 회색도시를 만들어요

01 도시를 만들기 위해 [🧱 블럭 팔레트]에서 그림과 같은 블럭을 찾아 연결해 보아요. 건물 모양의 블럭을 직선으로 연결하지 말고 율동감을 표현하기 위해 위치를 조금씩 다르게 연결해요.

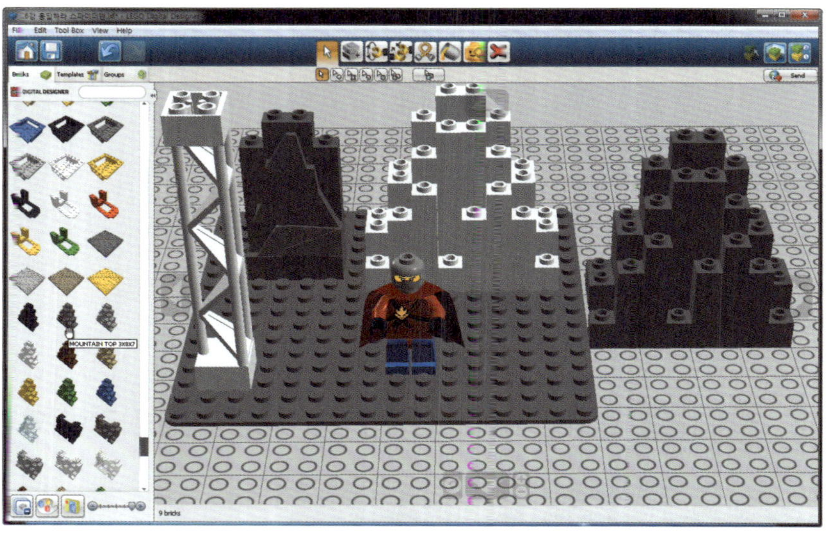

02 블럭의 종류에는 구부림 모양이 표시되어 있는 블럭이 있어요. 구부림 모양이 표시된 블럭은 [구부림] 도구를 이용하여 구부릴 수 있다는 표시에요. [🧱 블럭 팔레트]에서 그림과 같은 구부림 블럭을 찾아 연결해요.

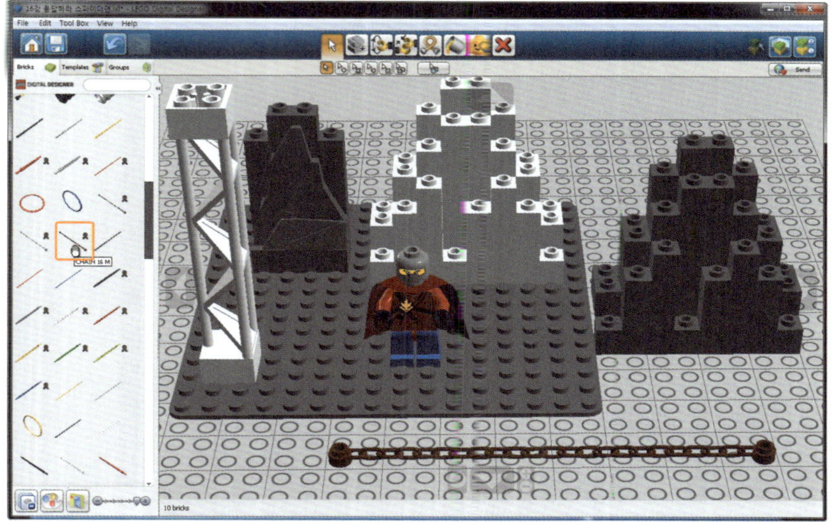

블럭을 구부려 연결해 보아요.

구부림 모양이 표시된 블럭을 찾아 건물과 건물 사이에 연결해요. 구부림 표시가 있는 블럭을 자유롭게 움직여 연결해 보아요.

01 [구부림] 도구를 클릭하고 블럭을 선택하여 드래그한 후 연결할 위치에 클릭하면 그림과 같이 연결돼요.

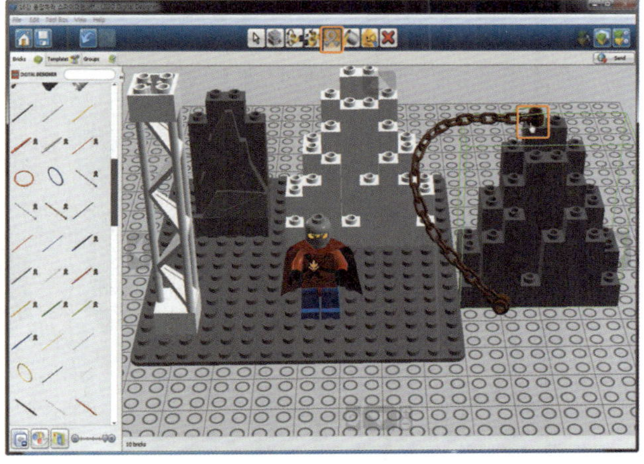

02 건물 위로 연결되어 구부러진 블럭의 끝부분도 드래그한 후 연결할 위치에 클릭하면 그림과 같이 연결돼요.

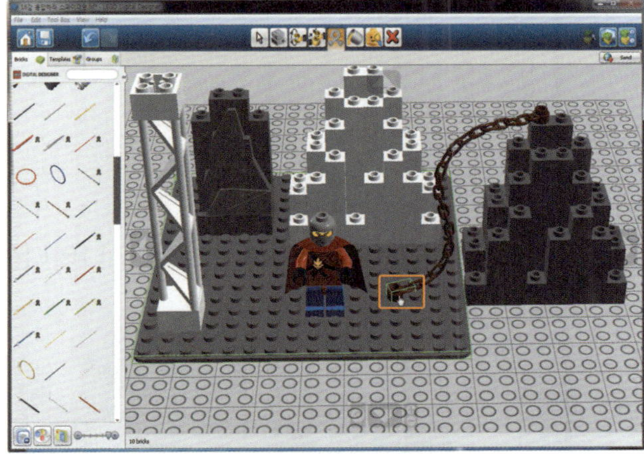

03 [블럭 팔레트]에서 구부림 표시가 되어 있는 블럭을 찾아 그림과 같이 연결해 보아요.

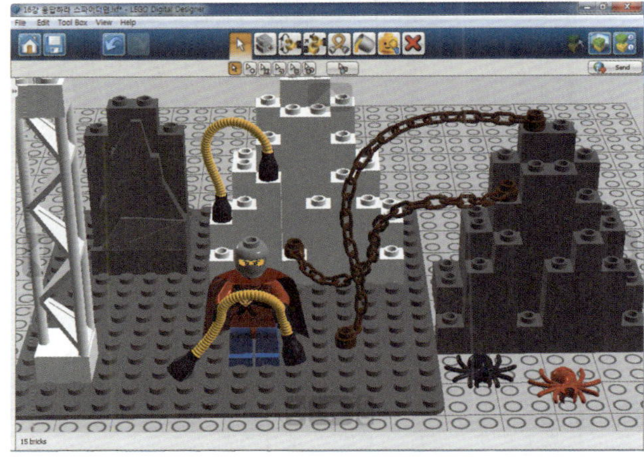

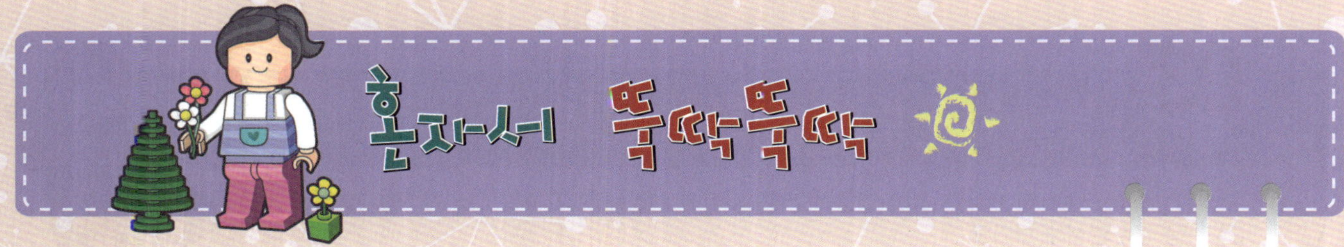

① [구부림] 도구를 이용하여 밝고 깨끗한 마을을 만들어 보아요.

 HINT

[　] [　] [　] 블럭 팔레트]에서
블럭을 찾아요.

② [구부림] 도구를 이용하여 배트맨이 나타나는 도시를 만들어 보아요.

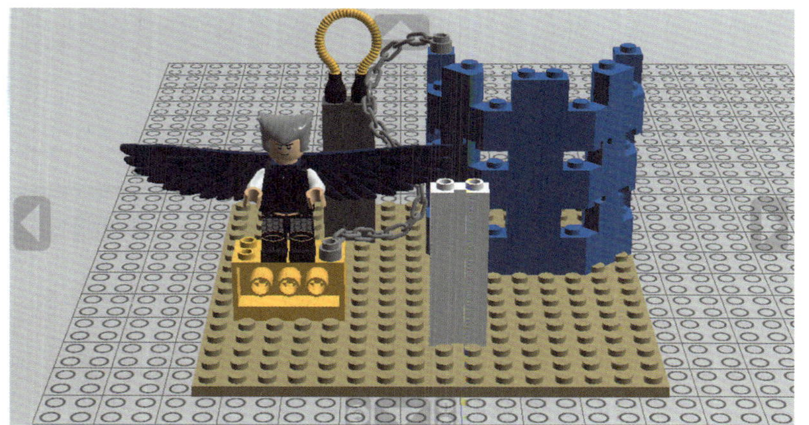

 HINT

[　] [　] 블럭 팔레트]에서 블럭
을 찾아요.

17강 경찰관이 될래요.

나중에 커서 제복을 입은 멋진 경찰관이 될래요. 경찰관이 되려면 힘도 세고 용감해야 해요. 그래서 오늘 부터 밥도 많이 먹고 운동도 열심히 하기로 했어요.

학습 목표

● [Edit] 메뉴에서 복사하고 붙이는 방법을 알아봅니다.
● 경찰관이 타는 멋진 경찰차를 완성해 봅니다.

데굴데굴 굴러가는 바퀴를 만들어요.

자동차를 움직이는 바퀴를 만들어요. 바퀴는 모두 4개가 필요해요. 한 쌍의 자동차 바퀴를 만든 후 [복사], [붙여넣기] 메뉴를 이용하여 2쌍의 바퀴를 만들어 보아요.

01 [블럭 팔레트]에서 자동차 바퀴 모양의 블럭과 자동차 휠 모양의 블럭을 찾아 그림과 같이 연결해요.

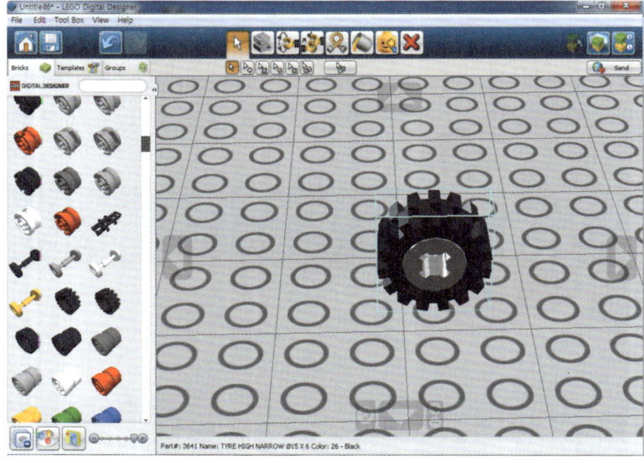

02 연결된 자동차 바퀴와 휠에 그림과 같은 블럭을 찾아 방향을 회전시켜 자동차 휠 안쪽으로 연결해요.

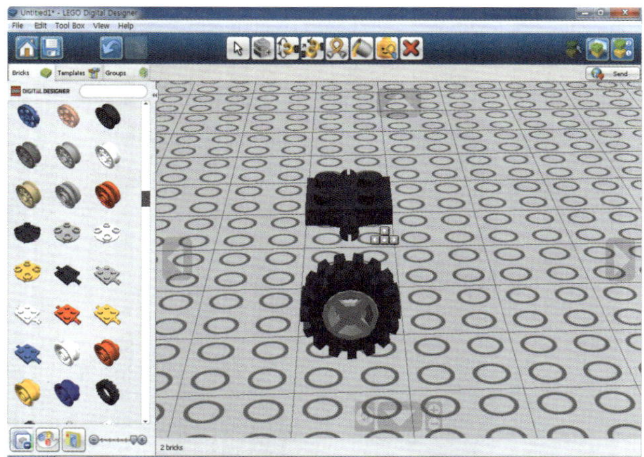

03 반대쪽에도 자동차 바퀴와 자동차 휠 모양의 블럭을 찾아 그림과 같이 연결해요.

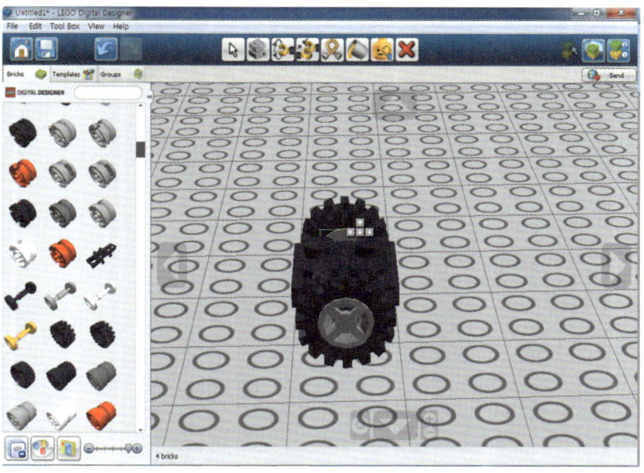

04 자동차 바퀴 한 쌍이 완성되면 [선택] 도구에서 [Multiple Selection Tool]을 클릭하여 블럭을 모두 선택해요. 메뉴의 [Edit]-[Copy]를 클릭해요.

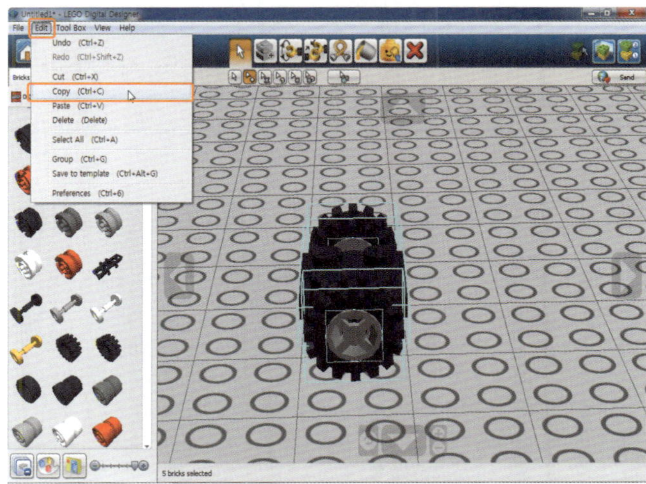

05 복사한 블럭을 조립판에 붙여넣기 위해 메뉴의 [Edit]-[Paste]를 클릭해요.

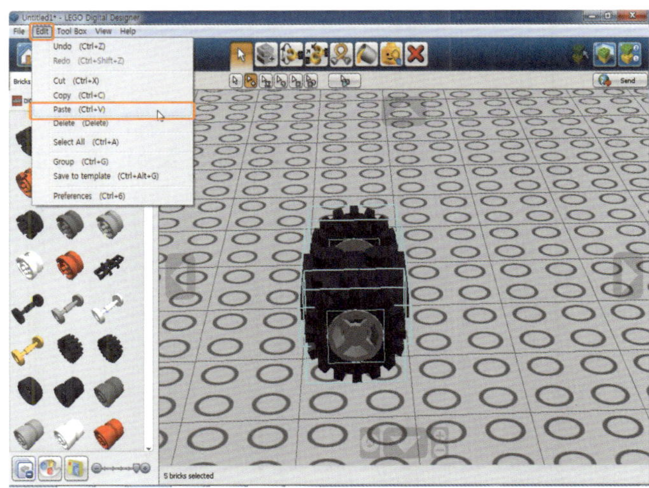

06 그림과 같이 똑같은 한 쌍의 바퀴가 나타나면 원하는 위치로 드래그해요.

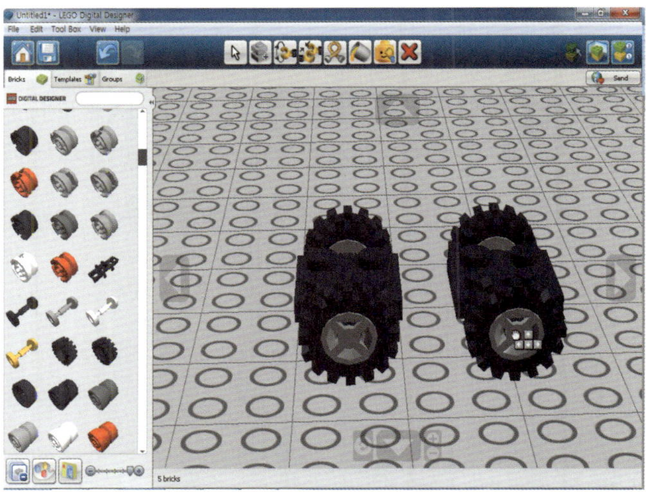

경찰관이 타는 경찰차를 만들어요.

경찰관이 타는 멋진 경찰차를 만들어요. 자동차 바퀴 위에 다양한 블럭을 찾아 연결하여 경찰차를 만들어 보아요.

01 [블럭 팔레트]에서 그림과 같은 블럭(2×3)을 찾아 뒷바퀴에 연결해요.

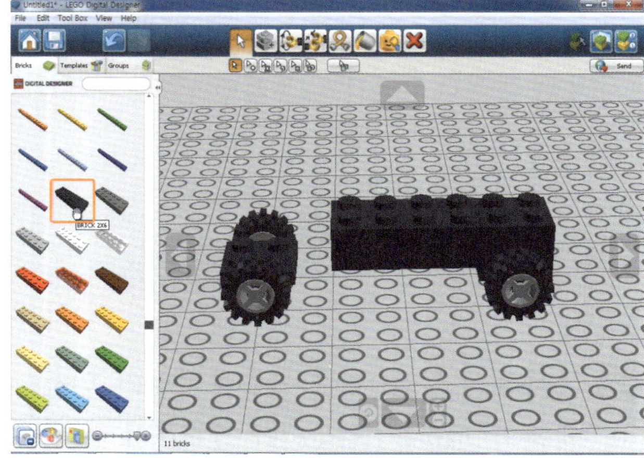

02 [블럭 팔레트]에서 블럭을 찾아 그림과 같은 위치에 연결해요.

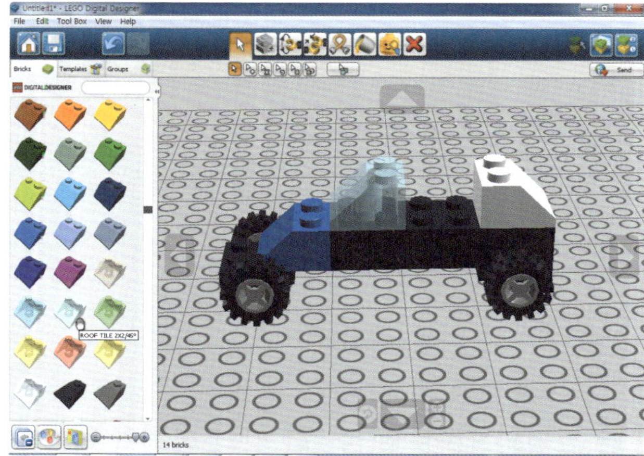

03 [블럭 팔레트]에서 'PA7 70', 'POLICE' 블럭을 찾아요. 'PA7 70' 블럭의 방향을 회전하여 그림과 같은 위치에 연결해요.

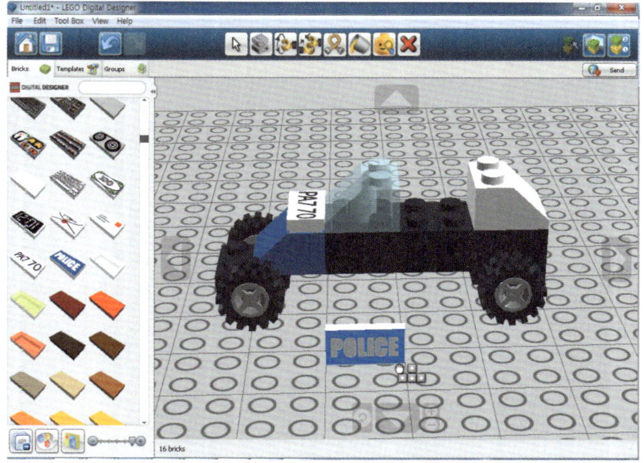

경찰차를 멋지게 꾸며보아요.

경찰차의 '앞부분', '옆부분', '뒷부분' 을 완성하고 번호판과 사이렌 모양의 블록을 연결하여 멋지게 꾸며 보아요.

01 'POLICE' 블럭을 연결하기 위해 [🧱 블럭 팔레트]에서 블럭을 찾아 그림과 같은 위치에 연결한 후 'POLICE' 블럭을 연결해요.

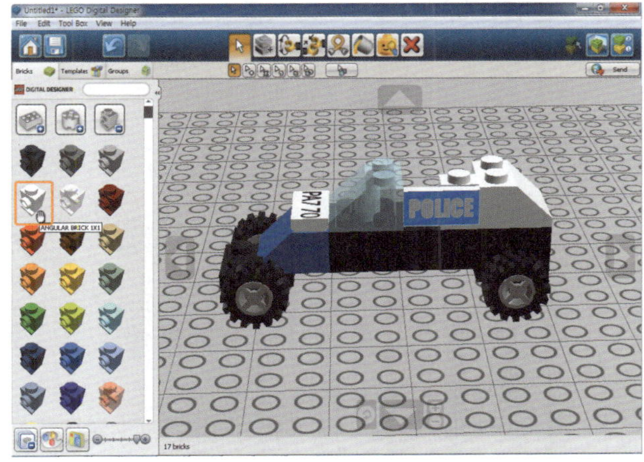

02 [🧱 블럭 팔레트]에서 블럭을 찾아 경찰차 윗부분을 완성해요. [복제] 도구를 클릭하여 블럭(1×3)을 복제하여 그림과 같이 완성해요.

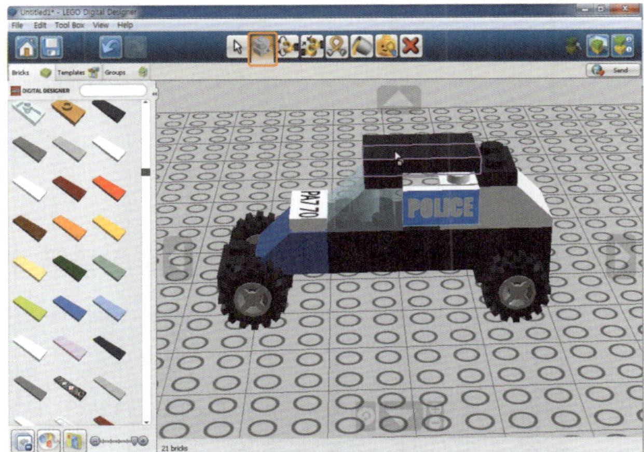

03 완성된 경찰차를 [🧱 블럭 팔레트]에서 블럭을 찾아 그림과 같이 멋지게 꾸며 보아요.

1 ㅂ·퀴를 복사하여 소방차를 만들고 [구부림] 도구를 이용하여 소방차를 꾸며 보아요.

[🔘 💾 💿 블럭 팔레트]에서 블럭을 찾아요.

2 바퀴를 복사하여 소풍가는 버스를 만들어 보아요.

[🔘 💾 💿 블럭 팔레트]에서 블럭을 찾아요.

18강 나는 어린이 건축가

세상에 하나뿐인 나만의 집을 만들어 보아요. 우리 집을 밝게 비추는 커다란 창문과 정원을 만들고 우리 가족 모두가 행복하게 살 수 있는 예쁜 집을 지어 보아요.

학습 목표
- '현관문', '창문' 모양의 블럭을 찾아 집을 만들어봅니다.
- 연결한 문 모양의 블럭을 [회전] 도구를 이용하여 열어봅니다.

01 현관문을 만들기 위해 [🖼 블럭 팔레트]에서 먼저 현각문 모양의 블럭을 연결할 굳틀 모양의 블럭을 찾아 연결해요.

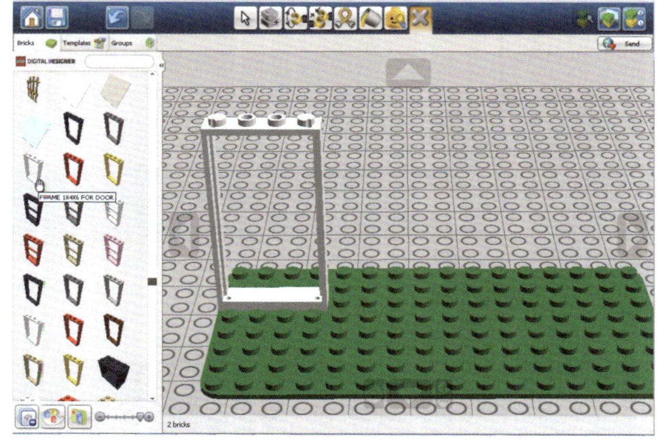

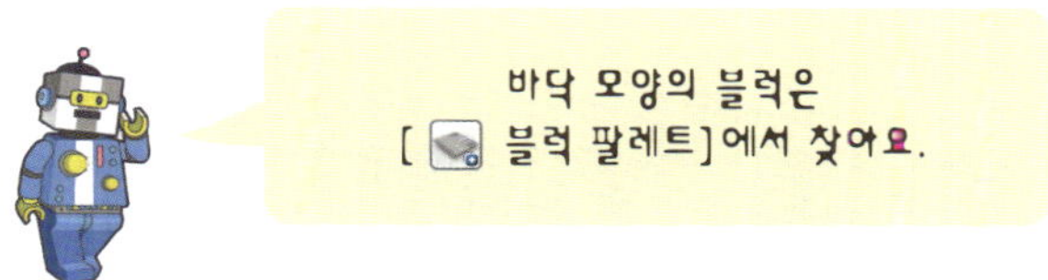

02 현관문 모양의 블럭을 찾아 문틀 도양의 블럭에 그림과 같이 연결해요.

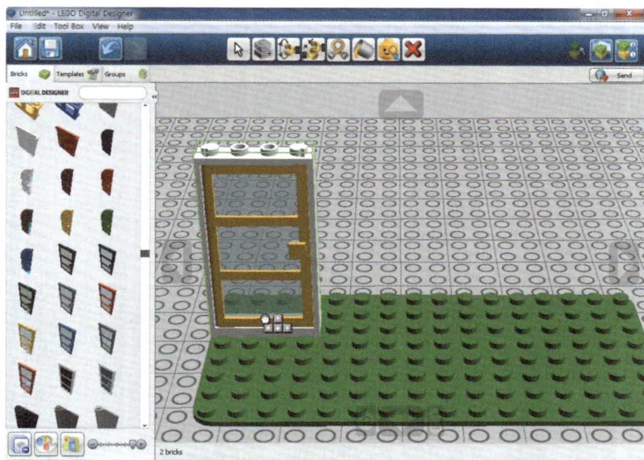

03 현관문이 완성되면 커다란 창문 모양의 블럭을 찾아 현관문 옆에 나란히 연결해요.

산타 할아버지가 다니는 굴뚝을 만들어요.

'현관문', '창문'이 완성되면 그 위에 지붕을 만들어요. 빨강색 블럭을 이용하여 만든 지붕 위에 크리스마스에 산타 할아버지가 선물을 가지고 내려 올 수 있는 굴뚝도 만들어요.

01 [블럭 팔레트]에서 그림과 같은 블럭을 찾아 연결한 후 [복제] 도구를 클릭하여 복제한 블럭을 그림과 같이 연결해요.

02 [블럭 팔레트]에서 지붕 모양의 빨강색 블럭을 찾아 방향키로 블럭을 회전시켜 그림과 같은 위치에 연결해요.

03 [복제] 도구를 이용하여 같은 방향으로 연결하고 그림과 같이 오른쪽 지붕도 연결해 보아요.

04 [ 블럭 팔레트]에서 그림과 같은 블럭을 찾아 방향키로 회전시켜 그림과 같은 위치에 연결해요.

05 [복제] 도구를 클릭하여 그림과 같이 복제한 블럭을 연결하면 지붕이 완성돼요.

06 완성된 지붕 위에 굴뚝을 만들기 위해 [블럭 팔레트]에서 그림과 같은 블럭을 찾아 굴뚝을 만들어요.

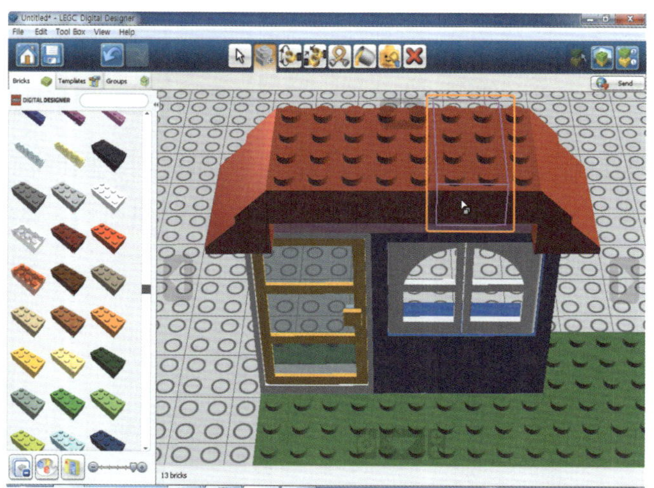

내가 만든 우리 집의 현관문이 잘 열리고 닫히는지 알아보기 위해 현관문을 열었다 닫아 보아요.

01 완성된 집에 연결된 현관문을 열기 위해 [회전] 도구를 클릭한 후 현관문 모양의 블럭을 선택해요.

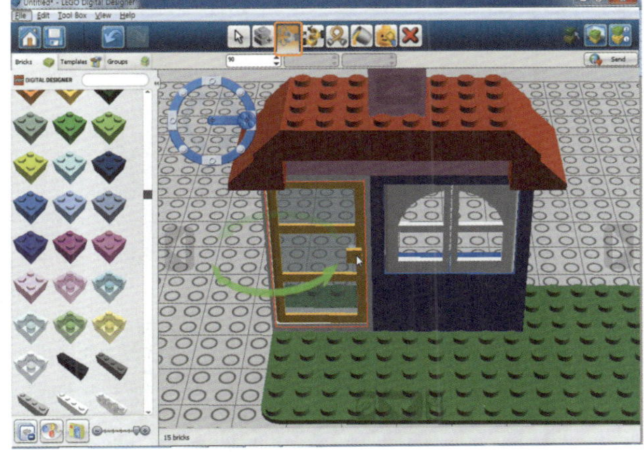

02 현관문 모양의 블럭을 선택하면 회전판이 나타나요. 회전 막대를 그림과 같이 드래그하여 현관문을 열어 보아요.

03 회전 막대를 그림과 같이 드래그하여 열린 문을 다시 닫아 보아요.

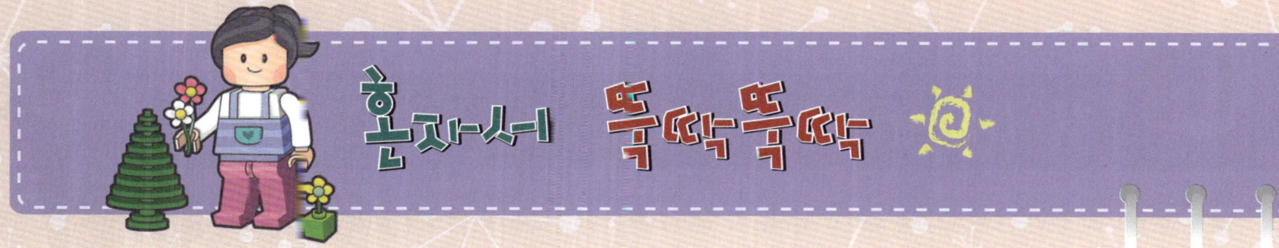

① 공주님의 사랑스런 앵무새가 하늘을 날아다닐 수 있도록 [회전] 도구로 문을 열어 보아요.

HINT

[ 블럭 팔레트]에서 블럭을 찾아요.

② 예쁜 선생님이 우리를 기다리고 있어요. 선생님을 볼 수 있도록 [회전] 도구로 창문을 열어 보아요.

HINT

[ 블럭 팔레트]에서 블럭을 찾아요.

19강 슈퍼스타를 꿈꾸며

노래를 잘하는 나는 미래의 슈퍼스타를 꿈꿔요. 잠이 들면 음악 오디션 프로그램에 출전하여 우수상을 받는 꿈을 꿔요. 미래의 꿈을 꼭 이루고 싶어요.

학습 목표

● 평면 블럭을 이용하여 음악방송 무대를 만들어 봅니다.
● Ctrl + C , Ctrl + V 를 눌러 쌍둥이 스피커를 만들어 봅니다.

노래하는 무대를 만들어요.

노래하는 나를 더욱더 빛나게 만들어 줄 무대에 반짝이는 조명도 설치하고 노래를 부르는 스테이지도 만들어요.

01 [블럭 팔레트]에서 무대를 만들기 위해 블럭(8×16)을 찾아 조립판에 연결해요.

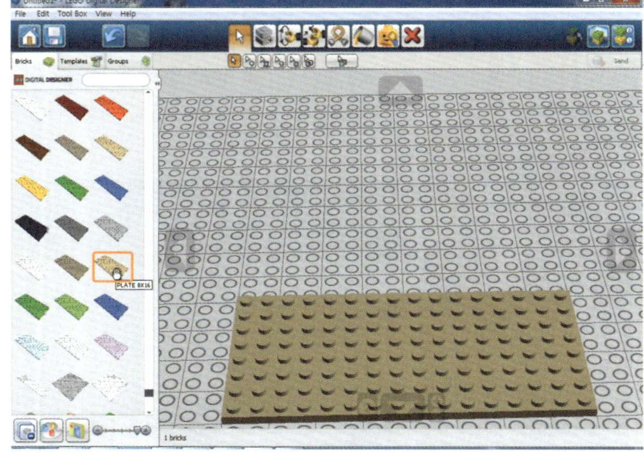

02 [블럭 팔레트]에서 무대 뒷면을 꾸며 주는 그림과 같은 블럭을 찾아 연결해요.

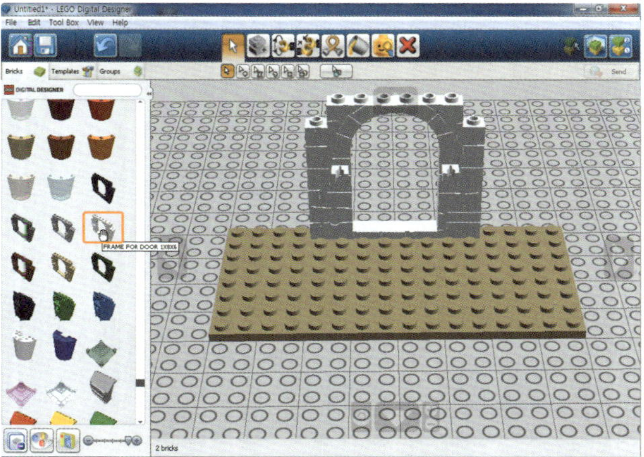

03 [블럭 팔레트]에서 그림과 같은 다양한 색상의 블럭을 찾아 무대 조명을 만들어요.

04 노래를 부르는 스테이지를 만들기 위해 [ 블럭 팔레트]에서 그림과 같은 블럭을 찾아 조립판에 연결해요.

05 [블럭 팔레트]에서 블럭을 찾아 연결해 놓은 블럭 위에 연결해요. [선택] 도구에서 [Multiple Selection Tool]을 선택하여 두개의 블럭을 클릭해요.

06 선택된 두개의 블럭을 드래그하여 그림과 같은 위치에 연결해요.

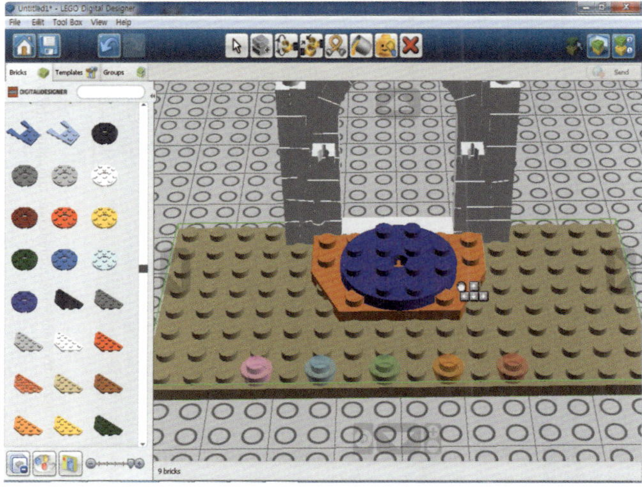

관중석에 있는 친구들에게 내 노래 소리가 크게 드릴 수 있도록 쌍둥이 스피커를 두개 만들어 무대에 연결해 보아요.

01 스피커를 만들기 위해 [블럭 팔레트]에서 그림과 같은 블럭을 찾아 조립판에 연결해요.

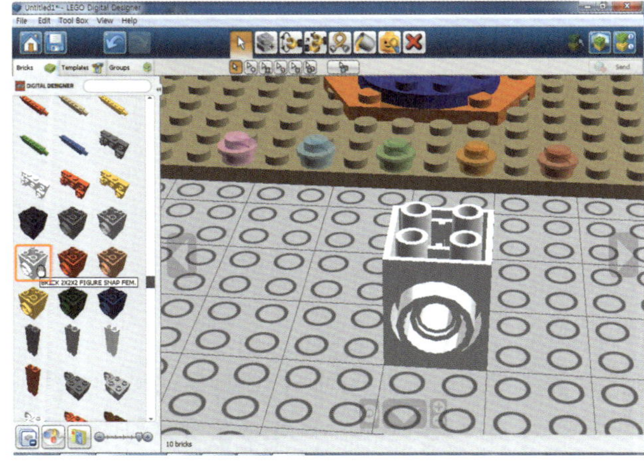

02 [블럭 팔레트]에서 그림과 같은 블럭을 찾아 그림과 같이 연결해요.

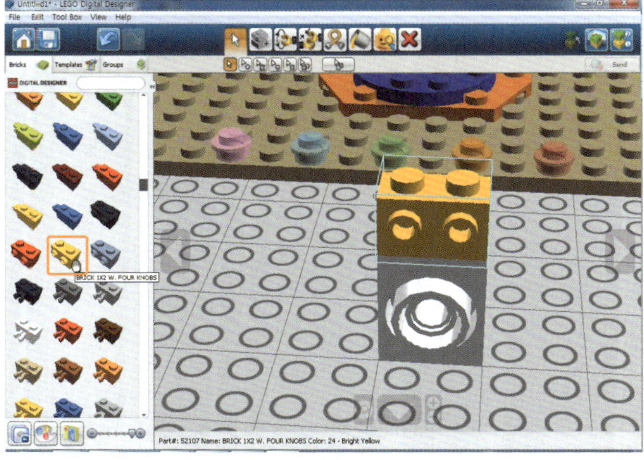

03 스피커를 완성하기 위해 [블럭 팔레트]에서 그림과 같은 블럭을 찾아 방향키로 블럭을 회전시켜 연결해요.

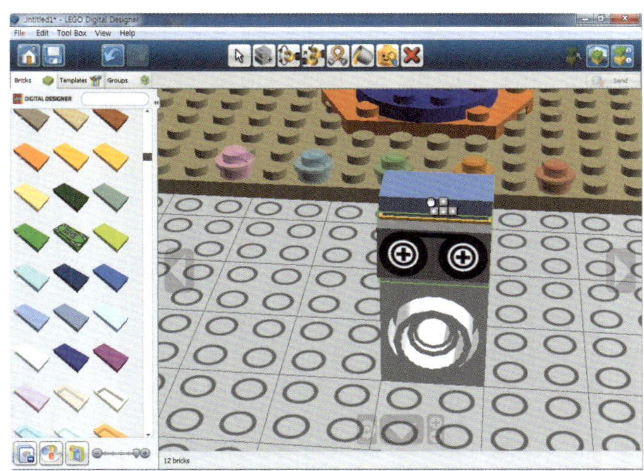

04 쌍둥이 스피커를 만들기 위해 [선택] 도구의 [Multiple Selection Tool]을 클릭하여 스피커 블럭을 모두 클릭하여 선택해요. 블럭이 모두 선택되면 Ctrl + C 를 눌러 스피커 모양의 블럭을 복사해요.

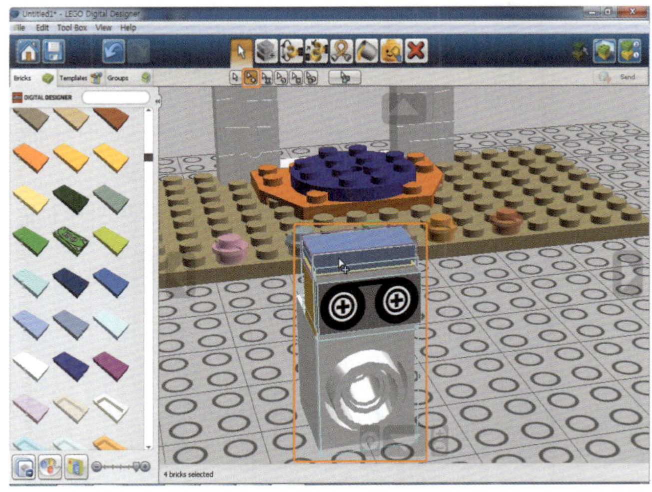

05 복사한 블럭을 나타내기 위해 Ctrl + V 를 눌러요. 그림과 같이 똑같은 스피커 모양의 블럭이 하나 더 나타나요.

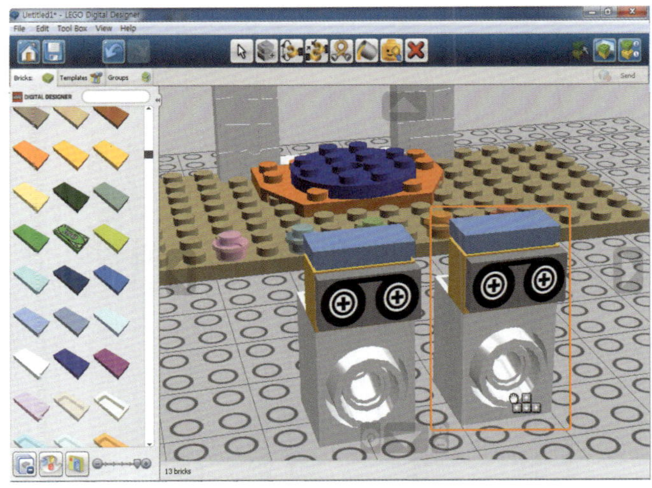

06 [선택] 도구의 [Multiple Selection Tool]을 이용하여 스피커 블럭을 모두 클릭해요. 선택된 블럭들을 한 그룹씩 드래그하여 그림과 같은 위치에 연결해요.

빛나는 무대로 꾸며 보아요.

빛나는 무대로 만들기 위해 마이크도 만들고 반짝이는 별 모양의 블럭도 찾아 연결해요. 다양한 블럭을 이용하여 화려한 무대를 꾸며 보아요.

01 마이크를 만들기 위해 [🔲 블럭 팔레트]에서 그림과 같은 블럭을 찾아 연결해요.

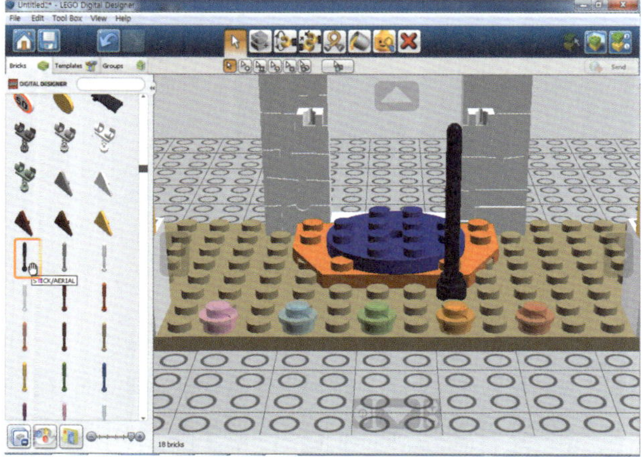

02 [🔲 블럭 팔레트]에서 블럭을 찾아 방향키로 회전하여 위치를 맞춘 후 마이크를 만들기 위해 연결해 놓은 블럭에 그림과 같이 연결해요.

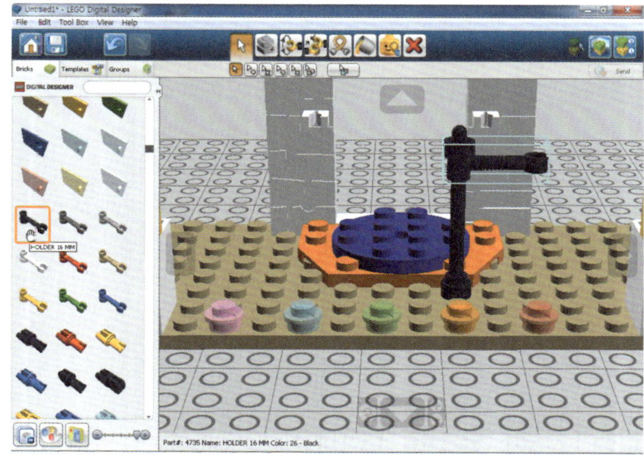

03 [🔲 블럭 팔레트]에서 블럭을 찾아 방향키로 회전하여 그림과 같이 연결해요.

04 [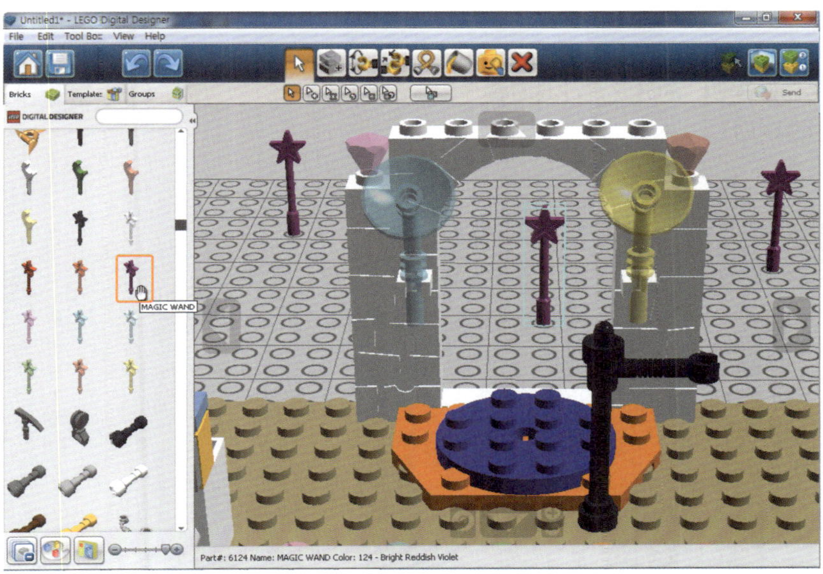 블럭 팔레트]에서 블럭을 찾아 무대 뒤쪽에 반짝이는 별 모양의 블럭을 찾아 그림과 같은 위치에 연결해요.

05 [블럭 팔레트]에서 무대장식을 완성하기 위해 그림과 같은 블럭(1×6)을 찾아 연결해요.

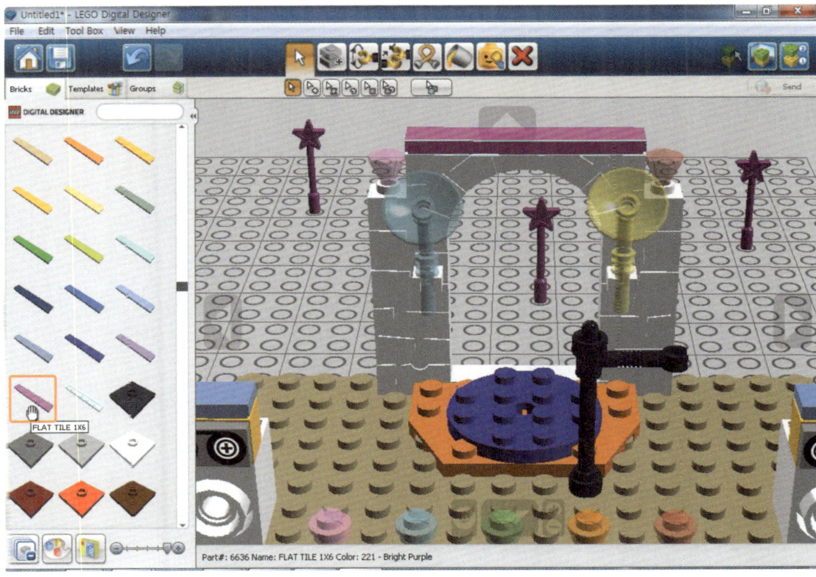

1 내가 좋아하는 가수의 콘서트에 놀러 왔어요. 카메라를 만들고 `Ctrl` + `C`, `Ctrl` + `V`를 눌러 쌍둥이 카메라를 또 만들어 봅니다.

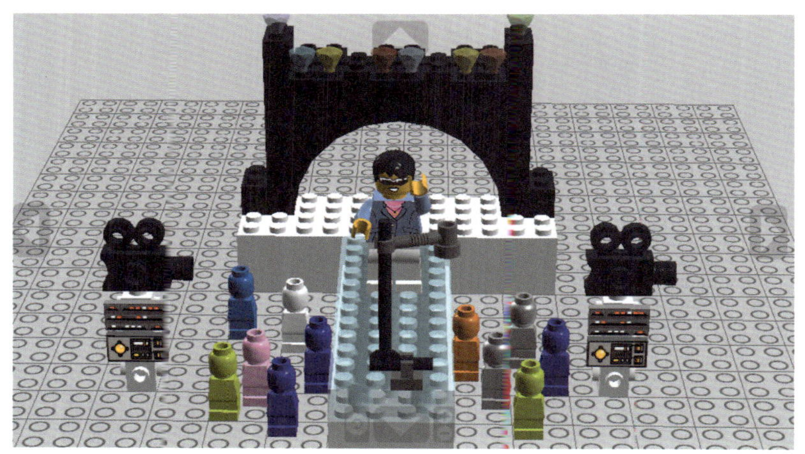

HINT

[ 블럭 팔레트]에서 블럭을 찾아요.

2 책을 읽으러 행복 도서관에 왔어요. 쇼파를 만들고 `Ctrl` + `C`, `Ctrl` + `V`를 눌러 똑같은 쇼파를 만들어 봅니다.

HINT

[ 블럭 팔레트]에서 블럭을 찾아요.

20강 해양보호 지킴이

나는 어린이 해양보호 지킴이입니다. 세계 10대 멸종위기동물 중 여덟 번째 동물은 아마존 강돌고래입니다. 강돌고래는 '보토'라고도 불립니다. 미래의 꿈은 온몸이 분홍빛을 띠는 사랑스런 돌고래 '보토'를 지켜주는 멋진 해양 과학자가 되고 싶어요.

학습 목표

● [복제] 도구를 이용하여 바닷속을 만들어 봅니다.
● 바다동물들과 돌고래 모양의 블럭을 찾아봅니다.

넓은 바닷속에는 해초류와 바다생물 그리고 돌고래가 살아요. 바다동물들이 건강하게 살 수 있는 깨끗한 바닷속을 만들어요.

01 [블럭 팔레트]에서 그림과 같은 블럭을 찾아 조립판에 연결해요.

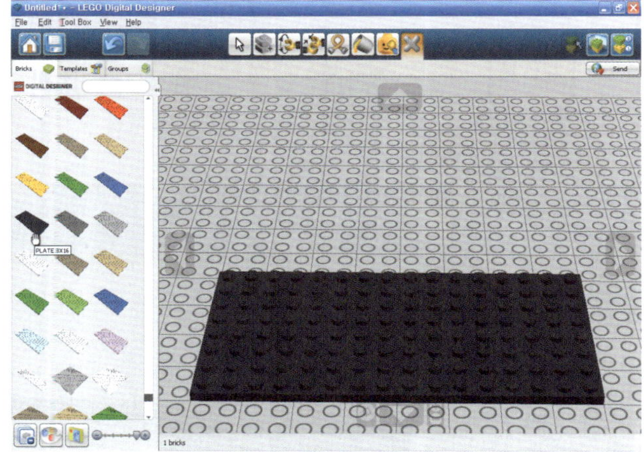

02 [블럭 팔레트]에서 찾은 블럭을 연결한 후 [복제] 도구를 클릭하여 블럭을 복제하여 그림과 같이 배치해요.

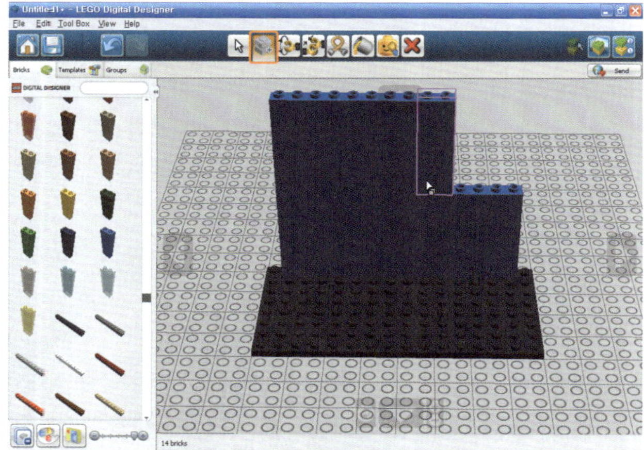

03 투명한 블럭을 연결하여 뒤편에 연결된 블럭의 색이 비치는 효과를 주기 위해 [블럭 팔레트]에서 그림과 같은 블럭을 찾아 [복제] 도구를 이용하여 연결시켜요.

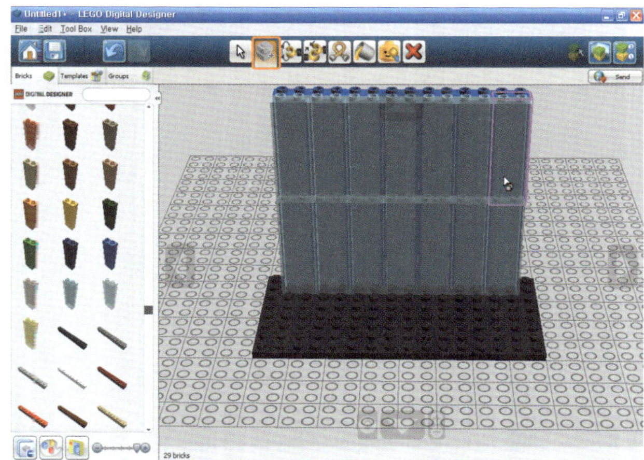

04 지붕을 연결하기 위해서는 4개의 기둥이 필요해요. [블럭 팔레트]에서 블럭을 찾아 [복제] 도구를 이용하여 그림과 같이 연결해요.

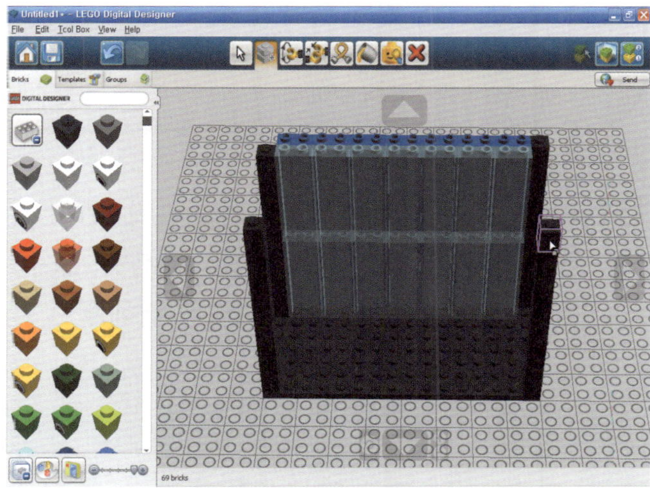

05 [블럭 팔레트]에서 블럭을 찾아 조립 판의 위치를 확인한 후 그림과 같이 연결 해요.

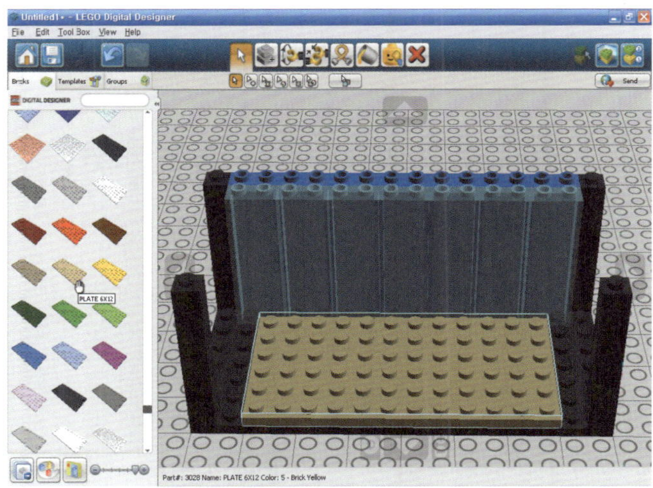

06 마지막으로 지붕을 연결하기 위해 [블럭 팔레트]에서 블럭을 찾아 그림과 같은 위치에 연결해요.

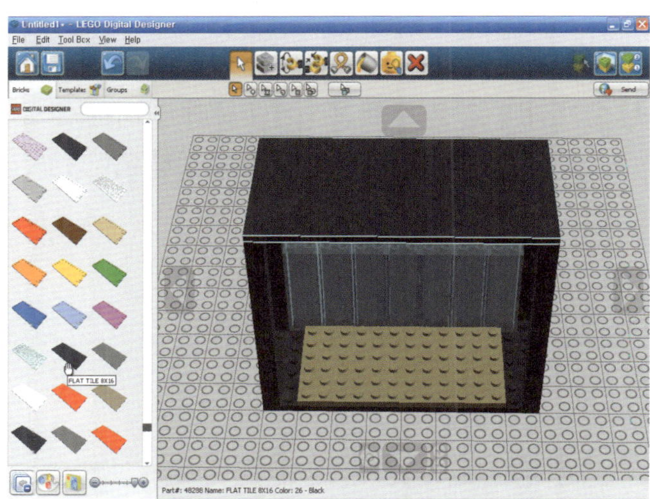

02 바다를 지키는 해양기지를 만들어요.

바다를 지키는 해양기지를 만들어요. 해양기지는 바다는 물론 지구환경도 지켜줘요. 멋진 해양기지를 바닷속에 만들어 보아요.

01 해양기지를 만들기 위해 [블럭 팔레트]에서 그림과 같은 블럭을 찾아 [복제] 도구를 클릭하여 블럭을 복제하여 연결해요.

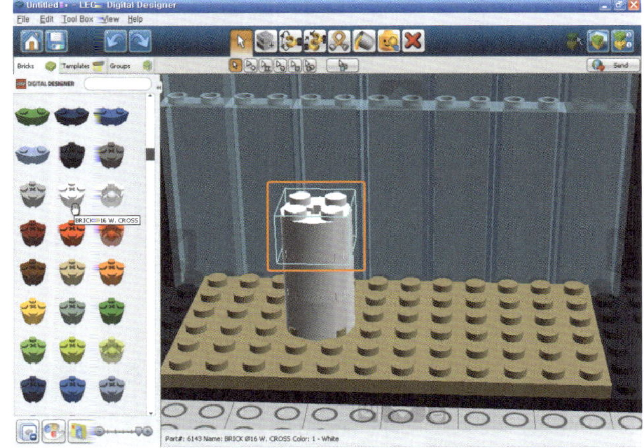

02 [블럭 팔레트]에서 블럭을 찾아 연결해 놓은 블럭 윗부분에 연결해요.

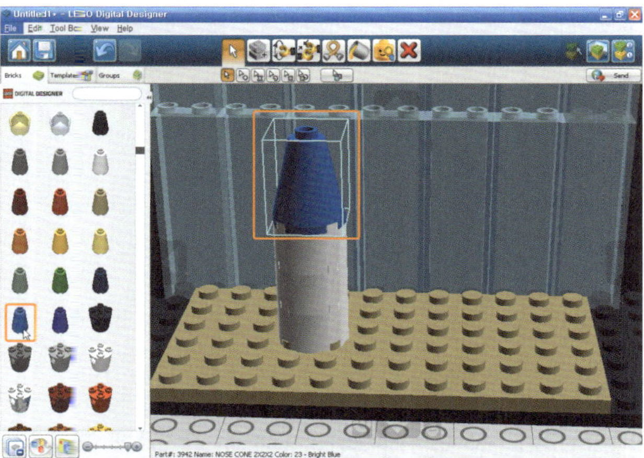

03 그림과 같은 블럭을 [블럭 팔레트]에서 찾아 연결하여 해양기지를 완성해요.

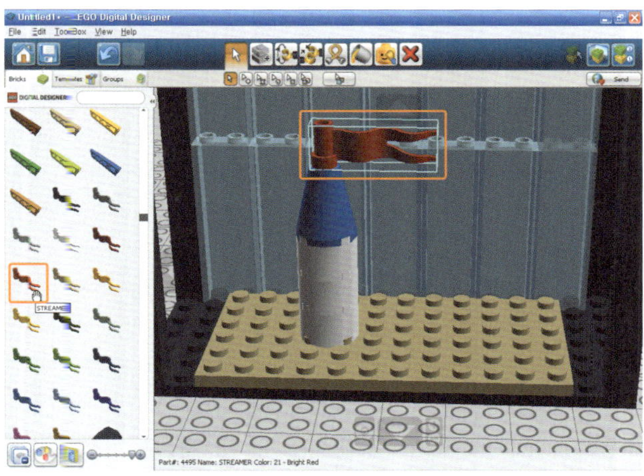

바닷속에 지키는 해초류를 만들어요.

해초류는 바닷속에서 산소를 공급해요. 깨끗한 바다와 건강한 해양생물들을 지키기 위해 바닷속에 해초류를 만들어요.

01 해초류를 만들기 위해 [블럭 팔레트]에서 그림과 같은 다양한 해초류 모양의 블럭을 찾아 바닷속에 연결해요.

02 바닷속을 누비는 돌고래 모양의 블럭을 [블럭 팔레트]에서 찾아 연결하고 바다 동물 모양의 블럭도 찾아 연결해요.

03 바닷속이 완성되면 [블럭 팔레트]에서 그림과 같은 블럭을 찾아 바다를 지키는 해양보호 지킴이도 만들어 연결해요.

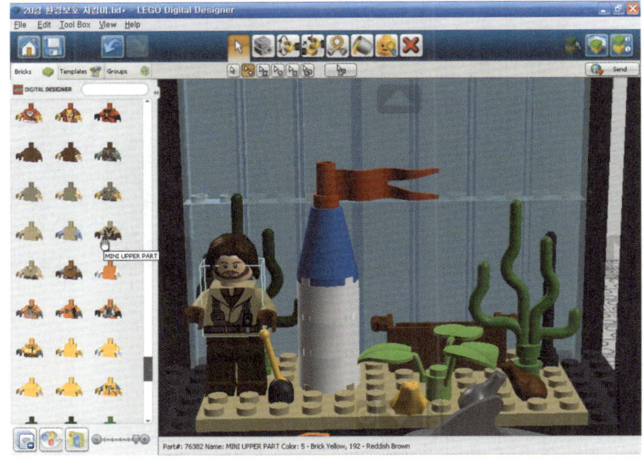

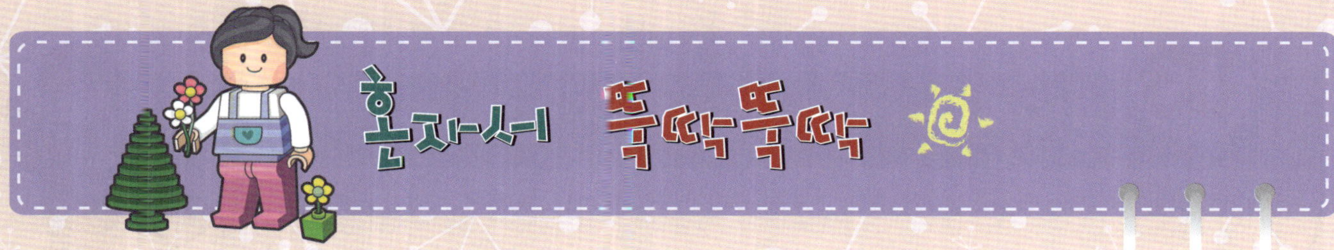

① 친구들과 만화영화를 보려고 극장에 왔어요. 극장과 친구들을 만들어 보아요.

HINT

[블럭 팔레트]에서 블럭을 찾아요.

② 수영장에서 친구와 신나게 물놀이 하는 므습을 만들어 보아요.

HINT

[블럭 팔레트]에서 블럭을 찾아요.

커피를 만드는 바리스타

내 꿈은 세계에서 하나뿐인 커피를 만드는 세계적인 바리스타입니다. 여러 종류의 커피가 각각 어떤 향과 맛이 나고 어떤 특징이 있는지 생각하며 커피를 만드는 바리스타가 될래요.

학습 목표

● 방향키를 이용하여 블럭을 회전시켜 연결하여 바리스타가 커피를 만드는 바를 만들어 봅니다.
● 파라솔과 테이블을 만들어 바리스타의 공간을 완성해 봅니다.

바리스타가 있는 카페를 만들어요.

바리스타가 있는 카페를 만들어요. 카페에서 밖이 훤히 보이는 투명한 유리 벽면을 만들어요.

01 왼쪽 블럭을 연결하기 위해 [블럭 팔레트]에서 블럭(6×12)을 찾아 연결한 후 [복제] 도구를 클릭하여 블럭을 복제한 후 그림과 같이 연결해요. 왼쪽 블럭이 완성되면 오른쪽 블럭(8×8)을 찾아 그림과 같은 위치에 연결해요.

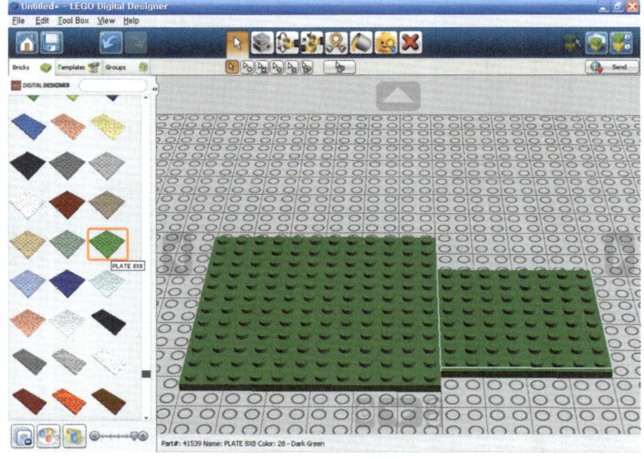

02 [블럭 팔레트]에서 블럭을 찾아 연결한 후 [복제] 도구를 클릭하여 블럭을 복제한 후 그림과 같이 연결해요.

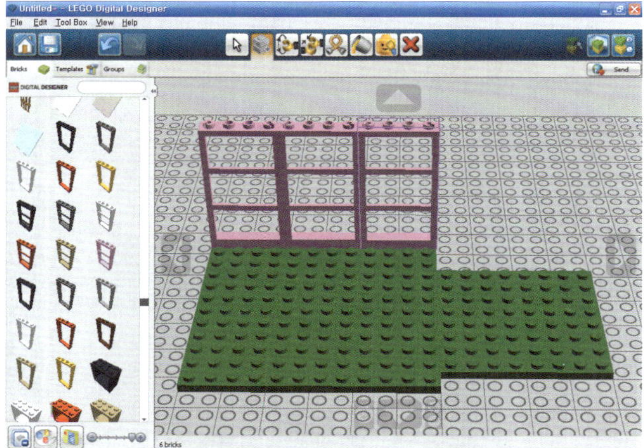

03 지붕을 연결하기 위해 [블럭 팔레트]에서 블럭을 찾아 [복제] 도구를 클릭하여 블럭을 복제한 후 그림과 같이 연결해요.

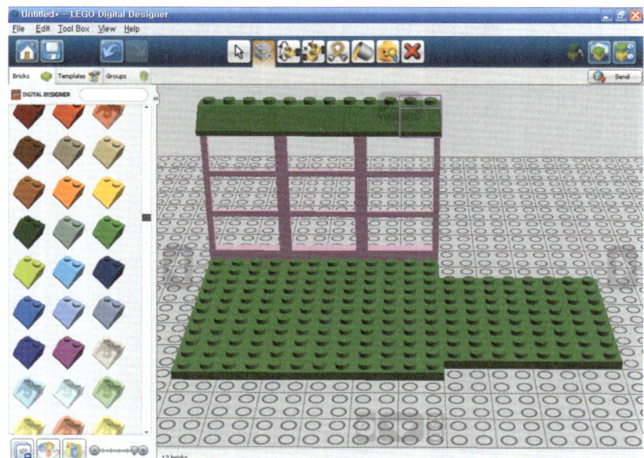

02 바리스타의 공간인 '바'를 만들어요.

바리스타가 커피를 만드는 공간인 '바'를 만들어요. '바'에 커피잔과 계산기를 만들어 멋지게 꾸며 보아요.

01 [블럭 팔레트]에서 블럭(1×4×2)을 찾아 그림과 같은 위치에 연결해요.

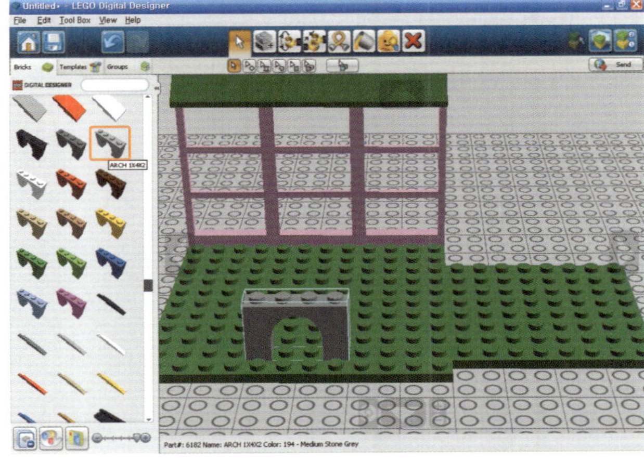

02 연결되어 있는 블럭(1×4×2)을 [복제] 도구를 클릭하여 복제한 후 방향키로 회전하여 그림과 같이 양쪽에 연결해요.

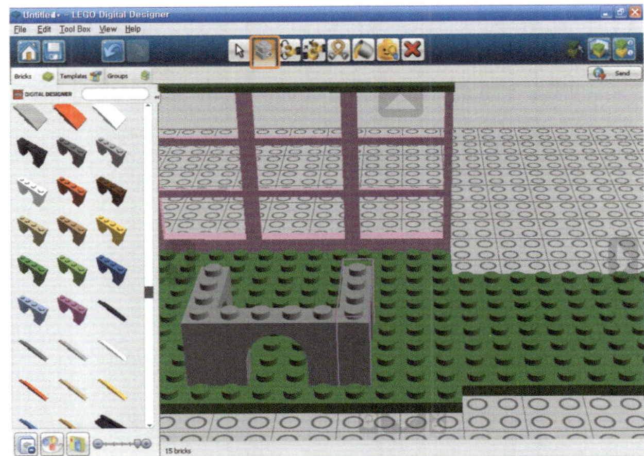

03 [블럭 팔레트]에서 그림과 같은 블럭을 찾아 연결하여 '바'를 완성해요.

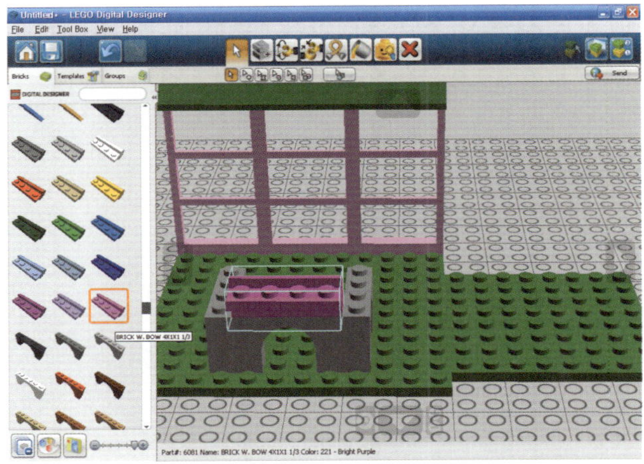

멋진 파라솔을 만들어요.

카페에는 커피를 마시는 공간이 있어요. 블럭을 찾아 파라솔도 만들고 커피를 마시는 테이블도 만들어보아요.

01 파라솔을 만들기 위해 [🖼️ 블럭 팔레트]에서 그림과 같은 블럭을 찾아 연결해요.

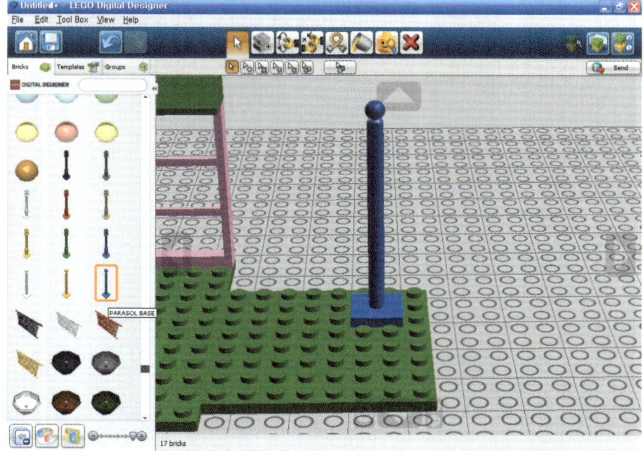

02 파라솔을 만들기 위해 연결해 놓은 블럭 위에 그림과 같은 블럭을 찾아 연결하여 파라솔을 완성해 보아요.

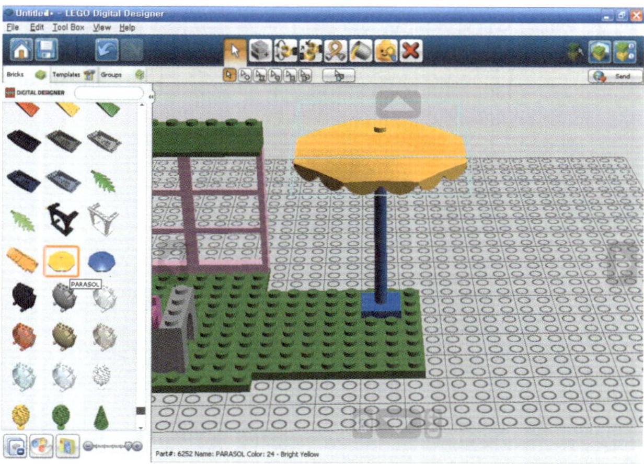

03 테이블을 만들기 위해 [🖼️ 블럭 팔레트]에서 블럭을 찾아 연결해요.

04 테이블을 만들기 위해 연결한 블럭 위에 [블럭 팔레트]에서 블럭을 찾아 그림과 같이 연결하여 테이블을 완성해요.

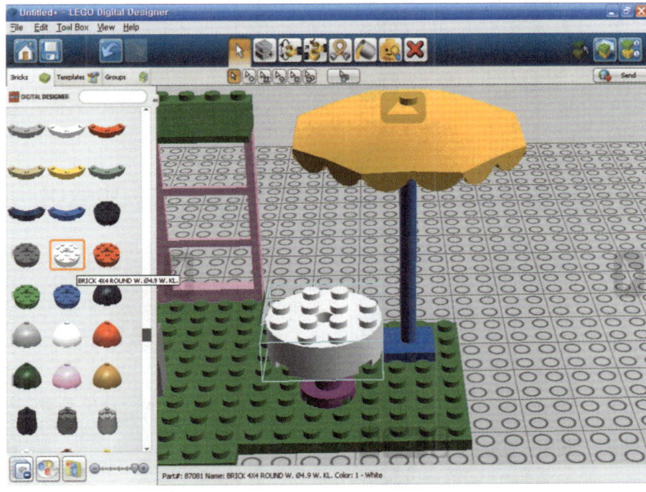

05 계산기 모양의 블럭을 [블럭 팔레트]에서 찾아 그림과 같은 위치에 연결해요.

06 [블럭 팔레트]에서 그림과 같이 다양한 블럭을 찾아 카페를 더 멋지게 꾸며보아요.

1 맛있는 치즈피자를 파는 피자가게를 만들어 보아요.

HINT

[ 블럭 팔레트]에서 블럭을 찾아요.

2 학교 거학을 앞두고 엄마랑 미용실에 갔어요. 우리 동네 미용실을 만들어 보아요.

HINT

[ 블럭 팔레트]에서 블럭을 찾아요.

22강 내 꿈은 국가대표 축구선수

우리 학급에서 운동을 가장 잘하는 나는 국가대표 축구선수가 장래희망입니다. 내 꿈을 이루기 위해 매일 친구들과 함께 운동장에 모여 축구를 합니다. 나는 친구들과 함께 공을 차는 시간이 하루 중 가장 행복합니다.

학습 목표
- 축구장을 만들고 피규어를 이용하여 축구선수도 만들어 봅니다.
- [회전] 도구를 이용하여 공을 차는 모습을 표현해 봅니다.

운동장에 축구골대를 만들어 보아요.

친구들과 함께 뛰어 놀 수 있는 운동장을 만들고 가장 좋아하는 축구를 하기 위해 축구골대도 만들어 보아요.

01 [블럭 팔레트]에서 그림과 같은 블럭(8×16)을 찾아 연결해요.

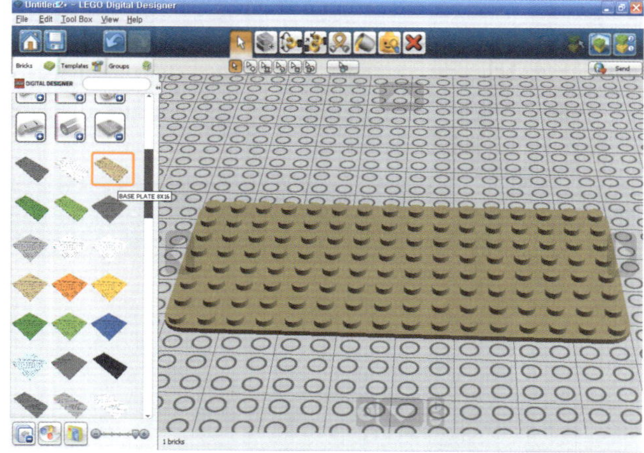

02 축구골대를 만들기 위해 [블럭 팔레트]에서 블럭(1×4)을 찾아 방향키로 회전하여 그림과 같이 연결하요.

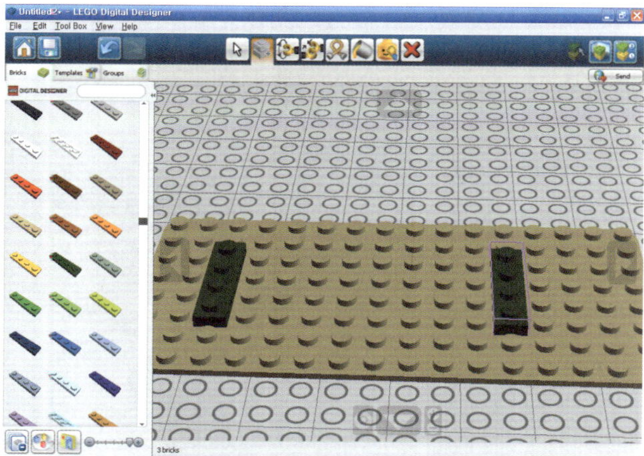

03 연결해 놓은 블럭 위에 [블럭 팔레트]에서 색이 다른 똑같은 모양의 블럭을 찾아 그림과 같은 위치에 연결해요.

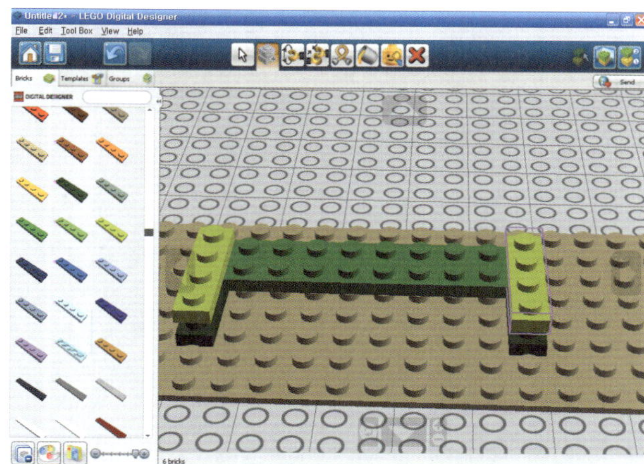

04 [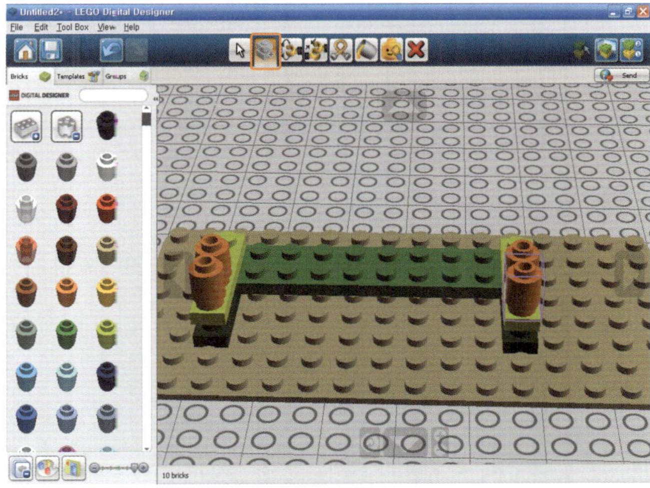 블럭 팔레트]에서 블럭을 찾아 연결한 후 [복제] 도구를 클릭하여 복제한 블럭을 그림과 같은 위치에 연결해요

05 축구골대의 기둥 모양의 블럭을 [블럭 팔레트]에서 찾아 그림과 같이 양쪽에 연결해요.

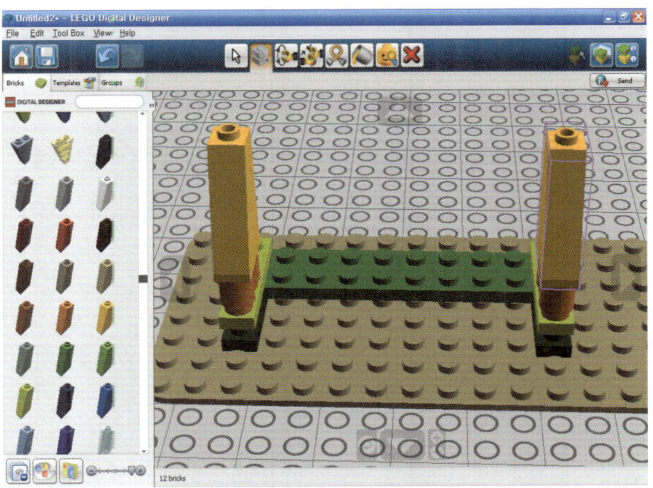

06 연결해 놓은 블럭 위에 [블럭 팔레트]에서 그림과 같은 블럭을 찾아 연결해요.

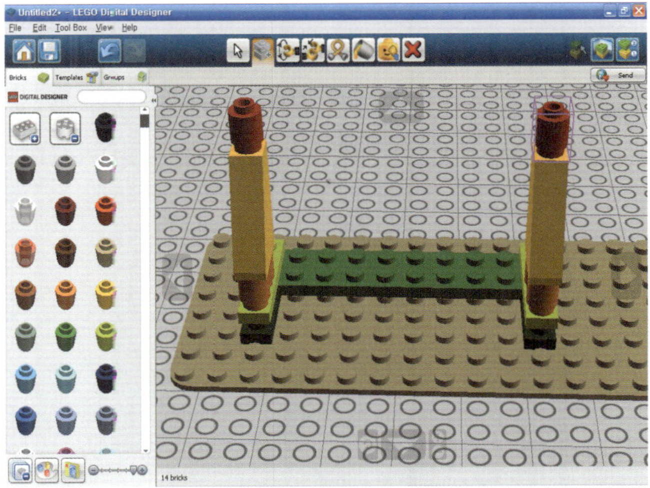

축구골대를 완성해요.

골키퍼 친구가 날아오는 공을 잘 막을 수 있게 튼튼한 축구골대를 만들어요. 다양한 블럭을 연결하여 축구골대를 완성해 보아요.

01 완성된 기둥 위에 블럭을 연결하기 위해 [🔲 블럭 팔레트]에서 블럭을 찾아 그림과 같이 연결해요.

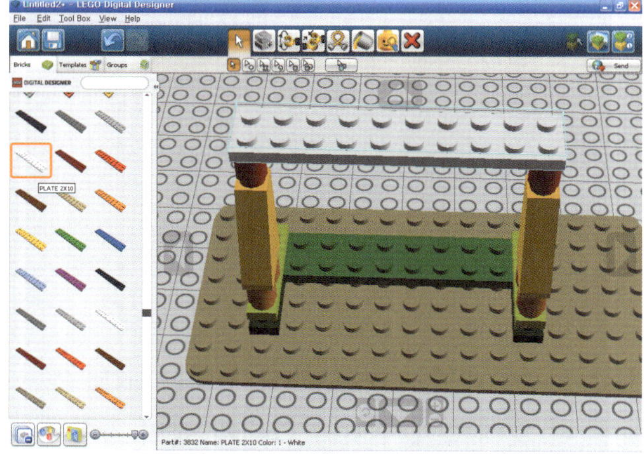

02 연결해 놓은 블럭 위에 흰색과 빨강색 블럭을 [🔲 블럭 팔레트]에서 찾아 그림과 같이 연결하여 축구골대를 완성해요.

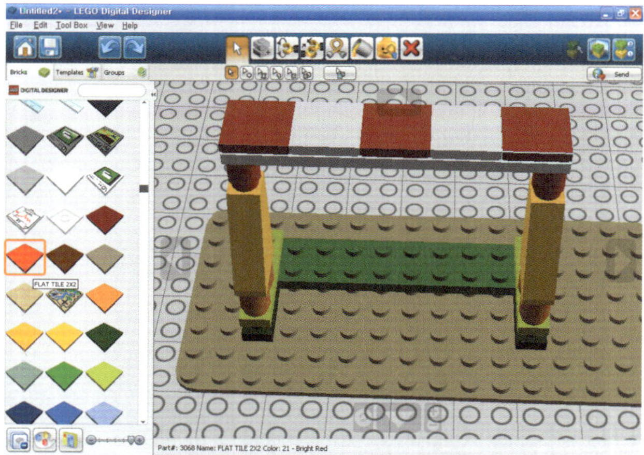

03 운동장을 더 멋지게 꾸미기 위해 [🔲 블럭 팔레트]에서 그림과 같은 블럭을 찾아 꾸며 보아요.

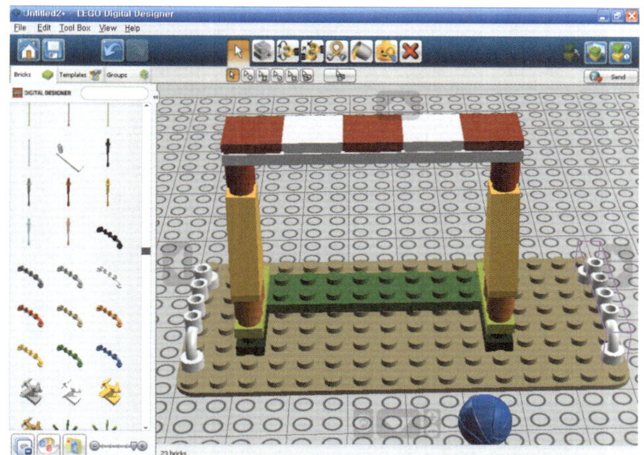

03 친구와 함께 축구를 해요.

친구와 함께 축구공을 가지고 운동장에 가요. 넓은 운동장에는 축구골대가 있어요. 내가 가장 잘하고 좋아하는 운동인 축구를 친구와 함께해요.

01 친구 피규어를 만들기 위해 [🧍 블럭 팔레트]에서 블럭을 찾아 가장 좋아하는 친구를 닮은 피규어를 만들어요.

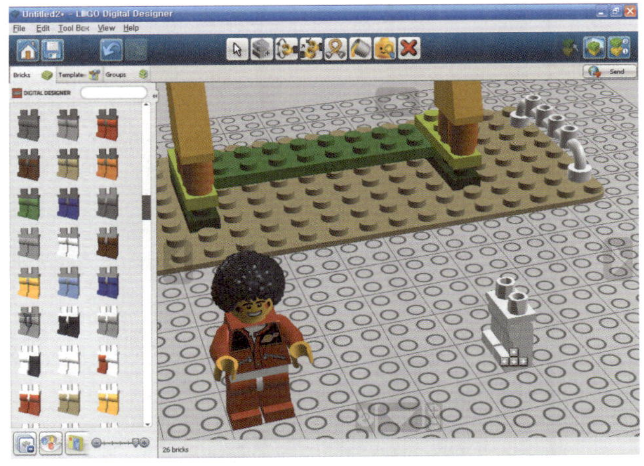

02 공을 차는 모습의 피규어를 만들기 위해 [🪨 블럭 팔레트]에서 블럭을 찾아 방향키르 회전하여 옆모습의 피규어를 완성해 보아요.

03 피규어가 축구하는 모습을 표현하기 위해 [회전] 도구를 클릭하여 피규어의 다리를 선택한 후 회전 막대를 드래그하여 움직이는 모습의 피규어를 만들어 보아요.

1 친구와 함께 신나게 스케이트 보드를 타는 모습을 만들어 보아요.

[ 블럭 팔레트]에서 블럭을 찾아요.

2 자전거를 타고 친구와 함께 달려가는 모습을 만들어 보아요.

[ 블럭 팔레트]에서 블럭을 찾아요.

23강 우주 과학자

우주 과학자가 꿈인 나는 매일 밤 밤하늘에 놓인 별들을 보며 꿈을 키웁니다.
우주 과학자가 되어 우주에 가게 돈다면 얼마나 놀랍고 흥미로운 일들이 일
어날지 상상을 합니다.

학습 목표

● [View Mode] 메뉴를 이용하여 더 컷진 배경을 만들어봅니다.
● [Change background] 메뉴를 에용하여 우주 배경으로 바꿔봅니다.

우주 과학기지를 만들어 보아요.

우주 과학기지를 만들어 좋아하는 우주 과학에 대하여 공부도 하고 우주 탐사선을 타고 매일 신나는 우주여행을 해요.

01 우주 탐사대를 만들기 위해 [블럭 팔레트]에서 그림과 같은 블럭을 찾아 연결해요.

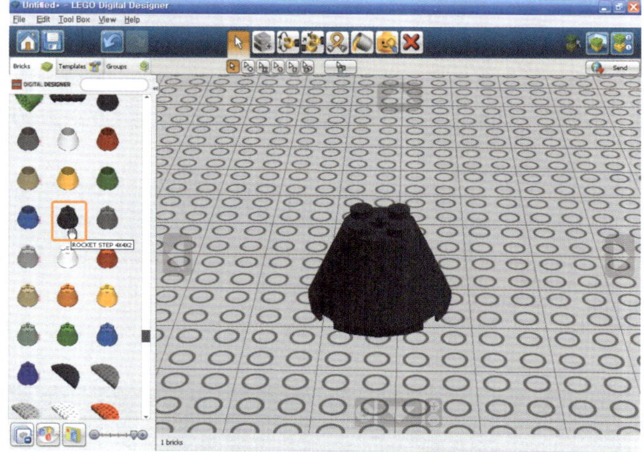

02 연결해 놓은 블럭 위에 그림과 같은 블럭을 [블럭 팔레트]에서 찾아 흰색 블럭은 4개를 연결하고 회색 블럭은 2개를 연결해요.

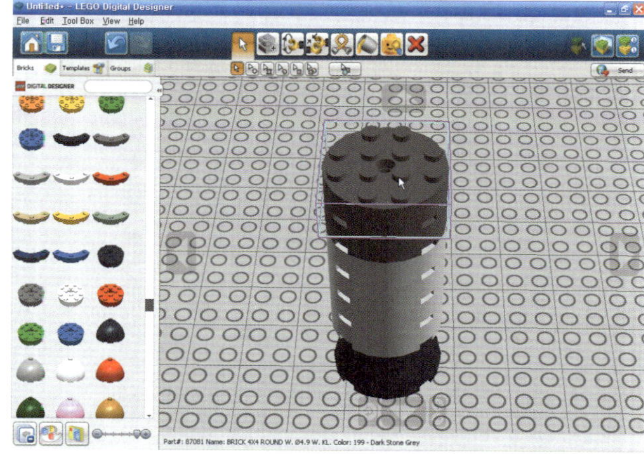

03 블럭 6개가 연결되면 [블럭 팔레트]에서 블럭을 찾아 그림과 같이 연결하여 우주 과학기지를 완성해요.

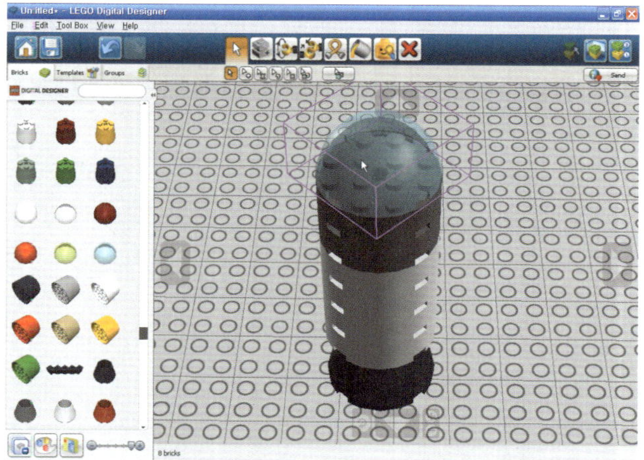

02 우주 과학기지에 사다리를 놓아요.

높은 곳에서 행성과 별들을 관측하기 위해 우주 과학기지에 사다리를 놓아요. 가장 높은 곳에서 매일 밤 별들을 보아요.

01 [블럭 팔레트]에서 블럭(PLATE 1×2 W, STICK)을 찾아 그림과 같이 완성해 놓은 블럭 밑에 연결해요.

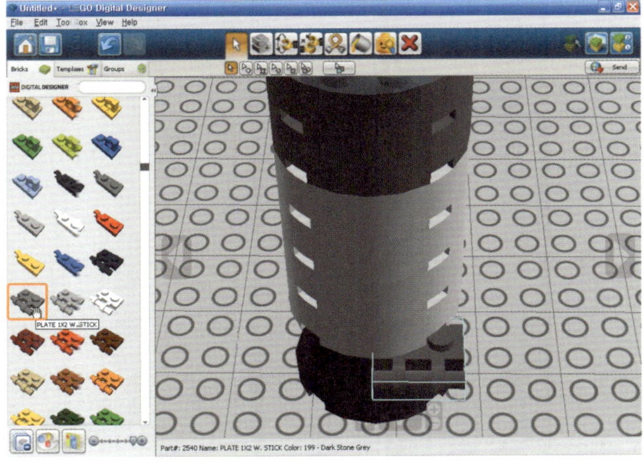

02 [블럭 팔레트]에서 사다리 모양의 블럭을 찾아 연결해 놓은 블럭(PLATE 1×2 W, STICK)에 그림과 같이 연결해요.

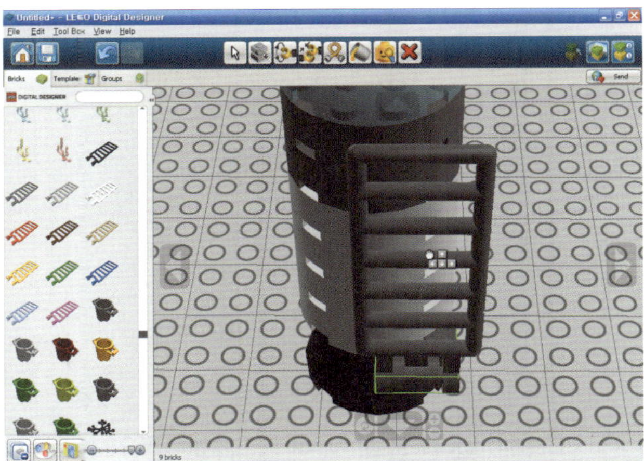

03 우주 탐사대원을 만들기 위해 [블럭 팔레트]에서 블럭을 찾아 그림과 같이 사다리 윗부분에 손을 연결해요. 우주 탐사대원이 사다리를 잡고 있는 모습을 표현해요.

04 우주 탐사대원의 몸이 연결된 상태에서 다리와 얼굴 모양의 블록을 [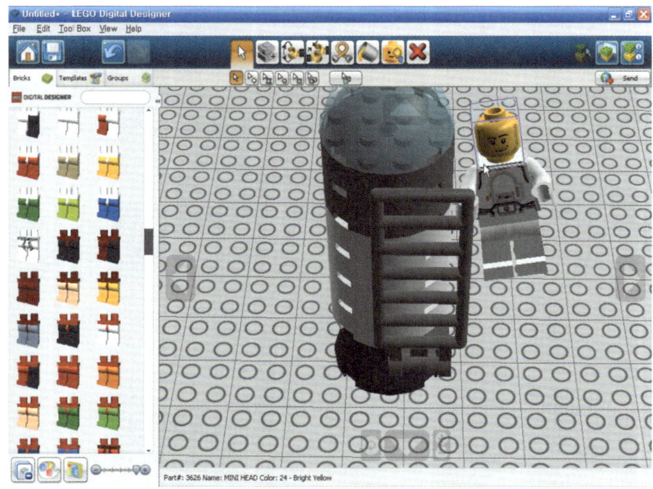 블럭 팔레트]에서 찾아 연결하여 피규어를 완성하요.

05 완성된 피규어를 더 멋진 우주 탐사대원으로 만들기 위해 [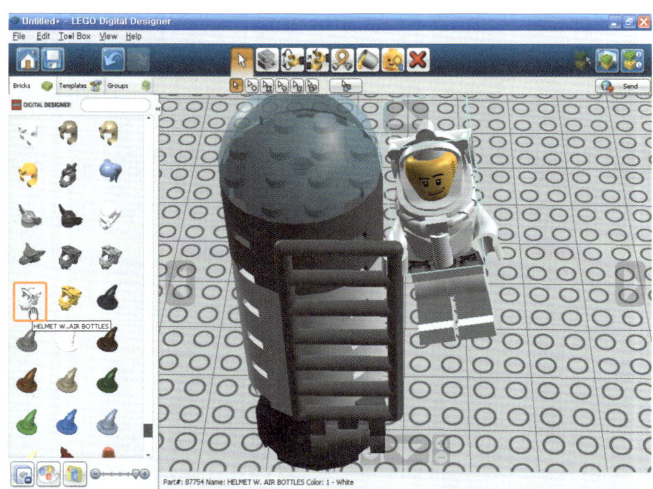 블럭 팔레트]에서 그림과 같은 블럭을 찾아 피규어의 얼굴에 연결해요.

06 연결해 놓은 블록 앞에 그림과 같은 블럭을 [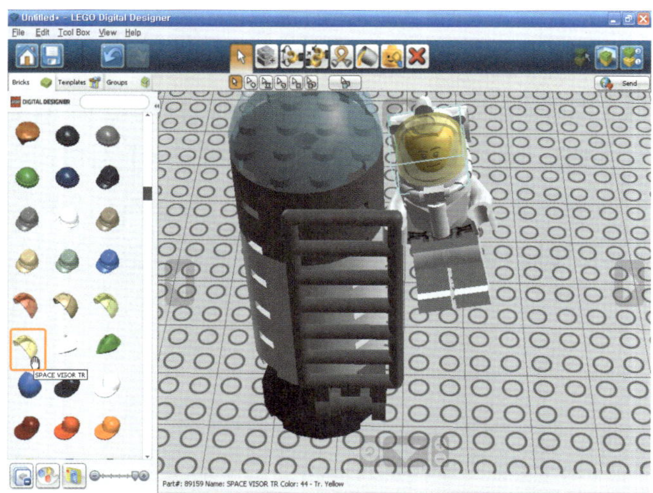 블럭 팔레트]에서 찾아 연결하여 우주 탐사대원의 피규어를 완성해요.

03 우주로 날아가는 상상을 해요.

밤하늘을 보고 있으면 우주에 있는 상상을 해요. 밤하늘을 보다 잠이 들었어요. 지금 나는 우주를 탐험하는 멋진 우주 탐색대원이에요.

01 우주 배경을 만들기 위해 오른쪽 상단의 [View mode] 메뉴를 클릭해요.

02 [View mode] 메뉴를 클릭하면 그림과 같이 완성된 블럭에 멋진 배경이 함께 나타나요.

03 다양한 종류의 배경 중에서 우주 배경으로 변경하기 위해 [Change background] 메뉴를 클릭해요.

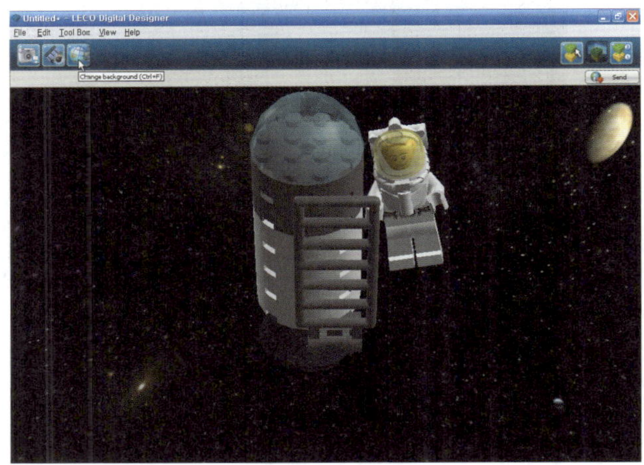

1. 우주 탐사를 떠나요. 우주에는 무엇이 있을까요? 우주를 만들어 보아요.

[ 블럭 팔레트]에서
블럭을 찾아요.

2. 우주인이 된다면 우주를 탐사하고 싶어요. 우주인을 만들어 보아요.

[ 블럭 팔레트]에서
블럭을 찾아요.

24강 로봇 발명가

오늘은 우리 학급 친구들과 함께 체험학습을 가는 날이에요. 체험학습 장소는 내가 세상에서 가장 좋아하는 로봇이 있는 박물관이에요. 박물관에서 로봇을 체험하는 동안 너무 즐거웠어요. 나도 커서 어른이 되면 로봇을 발명하는 발명가가 되고 싶어요.

학습 목표
- 블럭을 방향키로 회전하여 로봇을 만들어봅니다.
- [View mode] – [Explode the mcdel] 메뉴를 알아봅니다.

01 로봇을 만들어요.

발명가가 된다면 어떤 로봇을 만들까요? 세상에 없는 물건을 만들어 내는 발명가가 되어 로봇을 만들어 보아요.

01 로봇을 만들기 위해 [블럭 팔레트]에서 그림과 같은 블럭을 찾아 조립판에 연결해요.

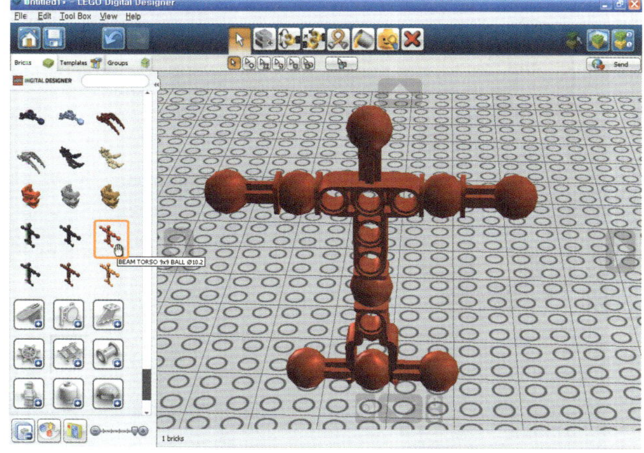

02 로봇의 팔을 만들기 위해 [블럭 팔레트]에서 블럭을 찾아요. 블럭을 방향키로 회전하여 그림과 같이 연결하여 양쪽 팔을 만들어요.

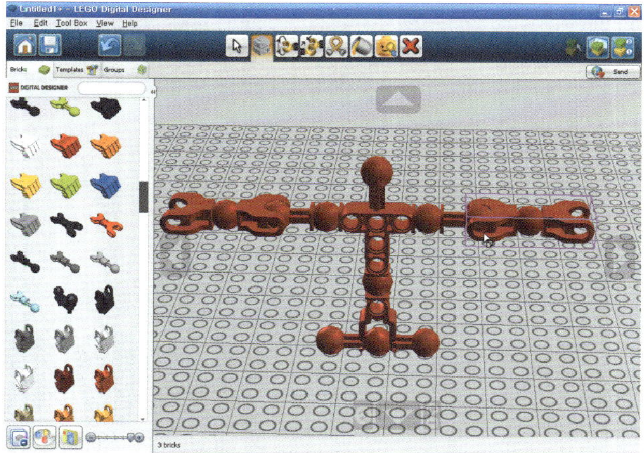

03 다리를 만들기 위해 [블럭 팔레트]에서 블럭을 찾아 방향키로 회전하여 그림과 같이 연결하여 다리를 만들어요.

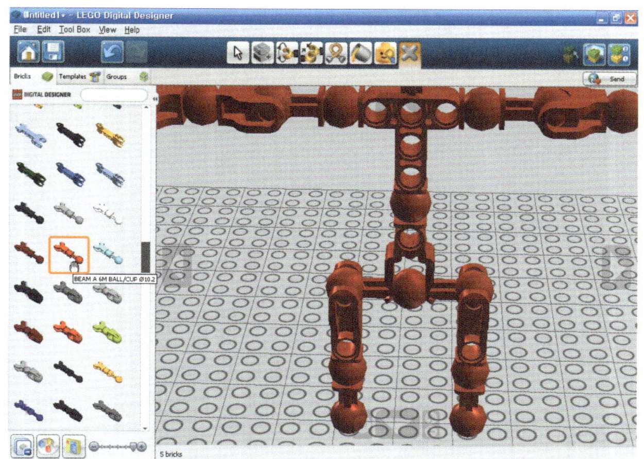

로봇의 몸을 완성해요.

세상에 하나뿐인 나만의 로봇을 만들기 위해 로봇의 멋진 모습을 상상하며 만들어 보아요.

01 손을 만들기 위해 [블럭 팔레트]에서 블럭을 찾아 방향키로 회전하여 그림과 같이 연결해요.

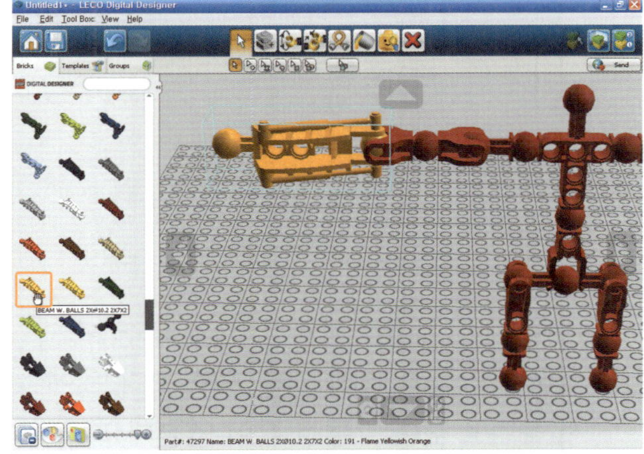

02 [블럭 팔레트]에서 손 모양의 블럭을 찾아 방향키로 회전하여 그림과 같이 연결하여 팔과 손을 완성해요.

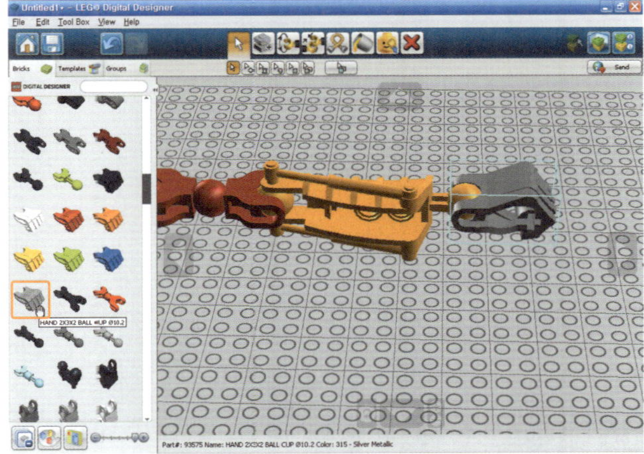

03 다리를 만들기 위해 [블럭 팔레트]에서 블럭을 찾아 방향키로 회전하여 그림과 같이 연결해요.

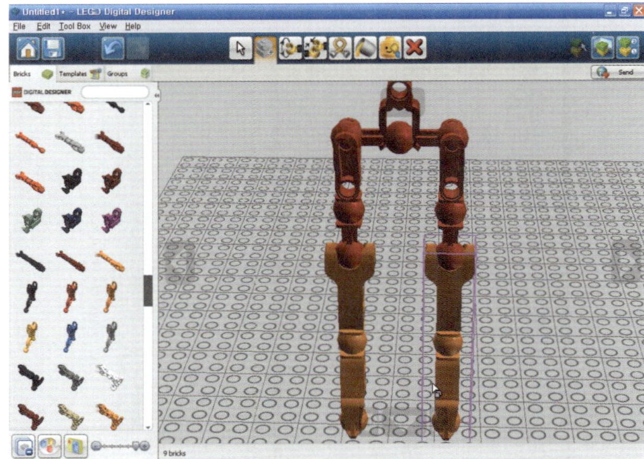

04 발을 만들기 위해 [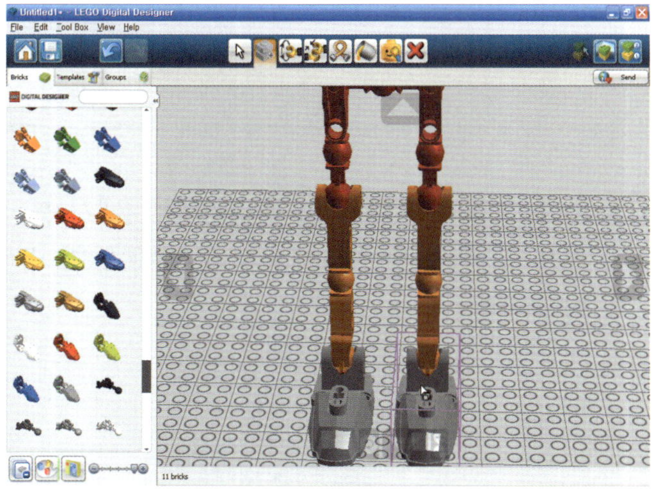 블럭 팔레트]에서 발 모양의 블럭을 찾아 방향키로 회전하여 그림과 같이 연결해요.

05 얼굴을 만들기 위해 [블럭 팔레트]에서 블럭을 찾아 그림과 같이 연결해요.

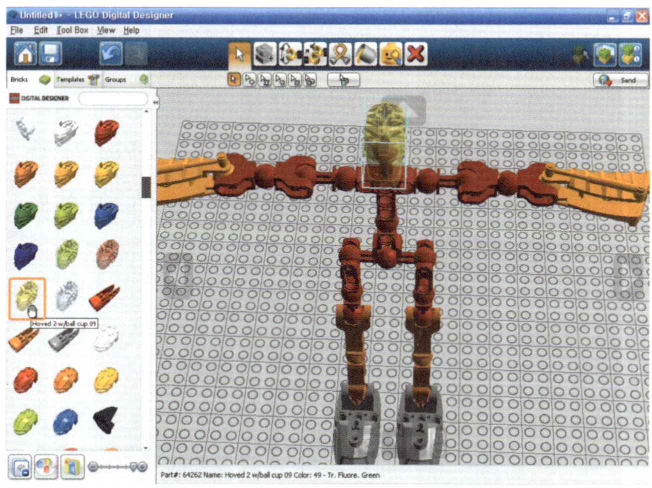

06 로봇의 얼굴 부분을 더 멋지게 꾸미기 위해 [블럭 팔레트]에서 그림과 같은 블럭을 찾아 얼굴 모양의 블럭에 연결해요.

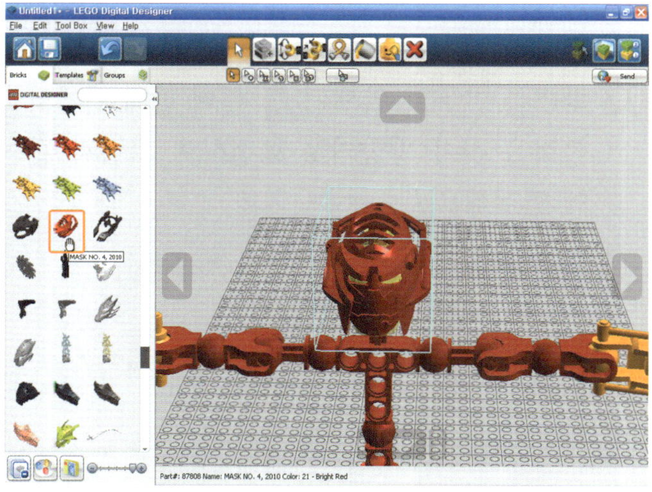

03 로봇을 멋있게 꾸며 보아요.

상상 속 로봇을 더 멋있게 꾸미기 위해 다양한 블럭을 찾아 연결하여 세상에 하나 뿐인 나만의 로봇을 완성해 보아요.

01 로봇을 꾸며주기 위해 [🖼 블럭 팔레트]에서 블럭을 찾아 그림과 같이 연결해요.

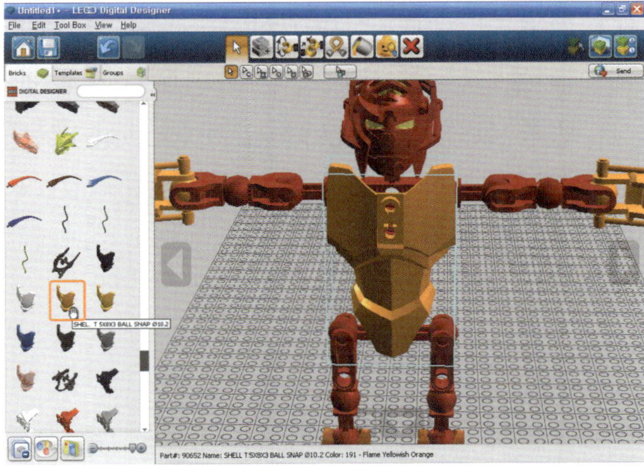

02 [🖼 블럭 팔레트]에서 블럭을 찾아 그림과 같이 연결하여 로봇을 완성해요.

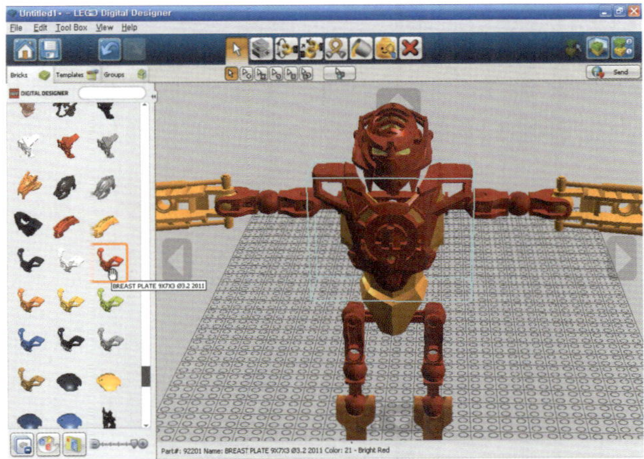

03 완성된 로봇을 [🖼 블럭 팔레트]에서 블럭을 찾아 그림과 같이 더 멋지게 꾸며 보아요.

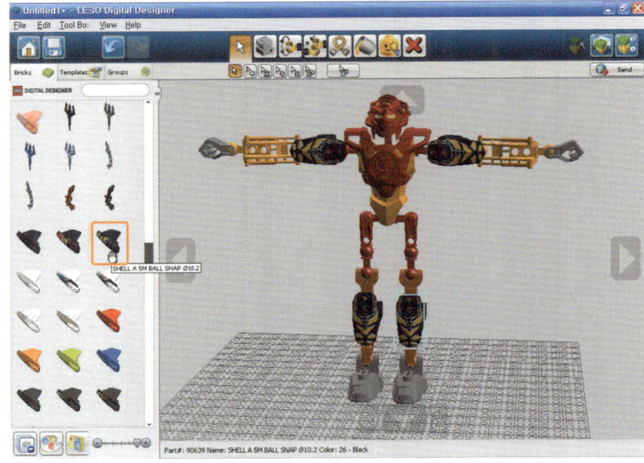

04 놀라운 폭발 메뉴를 알아보아요.

사막위에 로봇이 있어요. 폭발 메뉴를 이용하여 순식간에 로봇을 폭발시켜 보아요. 폭발된 로봇은 다시 사막위로 날아와 로봇의 모습으로 완성돼요.

01 레고 디자이너 화면에서 [View mode] 메뉴를 클릭한 후 '뷰 모드' 화면으로 전환되면 왼쪽 상단의 [Explode the model] 메뉴를 클릭해요.

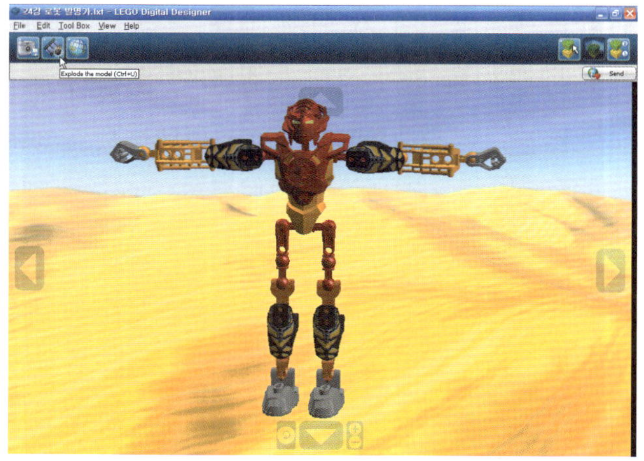

02 [Explode the model] 메뉴를 클릭하면 로봇을 연결하고 있던 블럭들이 폭발되는 화면이 나타납니다.

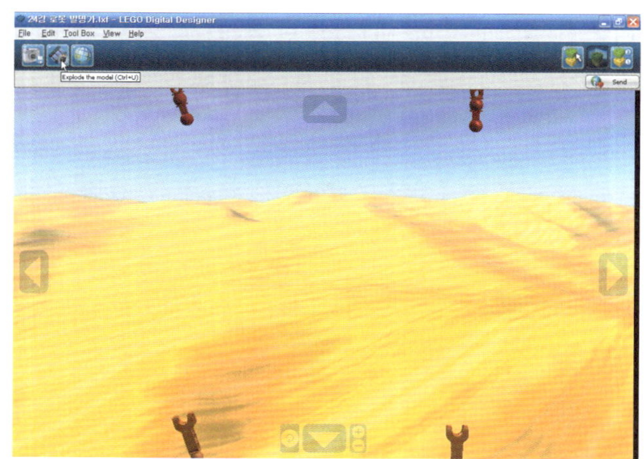

03 분해되어 폭발된 블럭들이 다시 자동으로 연결되어 완성된 모습의 로봇으로 나타납니다.

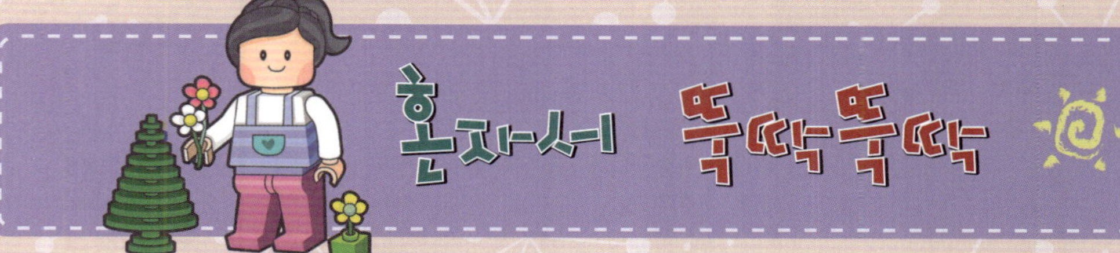

1. 상상 속 로봇을 만들어 [View mode] 메뉴를 클릭하여 배경을 바꾸어 보아요.

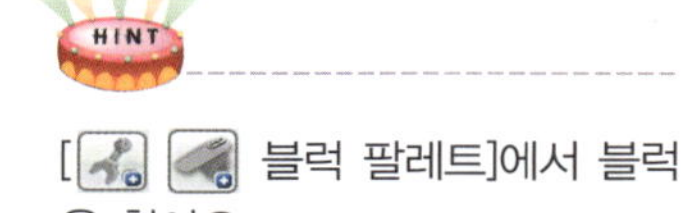
HINT

[블럭 팔레트]에서 블럭을 찾아요.

2. 물 위를 가르며 용감하게 지구를 지키는 로봇을 만들고 [View mode] 메뉴를 클릭하여 배경을 바꾸어 보아요.

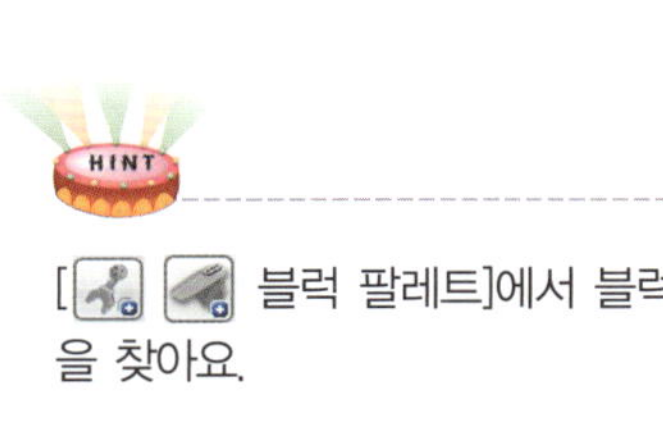
HINT

[블럭 팔레트]에서 블럭을 찾아요.